William Makepeace Thackeray

Die vier George: Zeit, Hof und Sittenbilder

Erster Band

William Makepeace Thackeray

Die vier George: Zeit, Hof und Sittenbilder
Erster Band

ISBN/EAN: 9783744615846

Hergestellt in Europa, USA, Kanada, Australien, Japan

Cover: Foto ©ninafisch / pixelio.de

Weitere Bücher finden Sie auf **www.hansebooks.com**

Die vier George.

Erster Band.

Georg der Erste.

Erstes Kapitel.

Vor noch wenigen Jahren war ich sehr genau mit einer alten Dame bekannt, um deren Hand sich Horace Walpole beworben, der von Georg dem Ersten auf den Kopf geklopft worden war.

Diese Dame hatte an Doctor Johnson's Thür gepocht; sie war mit Fox, der schönen Georgina von Devonshire und jener brillanten Whig-Gesellschaft unter der Regierung Georg's des Dritten genau bekannt gewesen. Sie hatte die Herzogin von Queensberry, die Gönnerin Gray's und Prior's, die bewunderte junge Schönheit des Hofes der Königin Anna, gekannt.

Oft, wenn ich die Hand meiner alten Freundin ergriff, war es mir, als setzte ich mich dadurch in

Zweites Kapitel.

Unter den deutschen Fürsten, welche zur Zeit Luther's regierten, befand sich der Herzog Ernst von Celle, dessen jüngerer Sohn, Wilhelm von Lüneburg, der Stammvater des erlauchten Hauses Hannover war, welches gegenwärtig in Großbritannien regiert.

Herzog Wilhelm hielt seinen Hof in Celle, einer kleinen Stadt von etwa zehntausend Einwohnern, die an der Eisenbahn zwischen Hamburg und Hannover mitten in großen Sandebenen an dem Fluß Aller liegt. Als Herzog Wilhelm hier wohnte, war es ein sehr armseliger Ort, fast aus lauter hölzernen Häusern bestehend, mit einer großen Kirche von Ziegelsteinen erbaut, die er sehr fleißig besuchte und worin er und andere Mitglieder seines Hauses begraben liegen.

Er war ein sehr religiöser Herr und ward von dem kleinen Kreise von Unterthanen, über welche er herrschte, bis das Schicksal ihn sowohl des Augenlichts als des Verstandes beraubte, Wilhelm der Fromme genannt.

Zuweilen in seinen spätern Tagen hatte der gute Herzog lichte Augenblicke, wo er dann von seinen Musikern die geistlichen Melodieen, welche er vorzugsweise gern hörte, aufspielen ließ.

Man denkt dabei unwillkürlich an einen seiner Nachkommen, welcher zweihundert Jahr später — blind, alt und ebenfalls des Verstandes beraubt — im Schlosse Windsor Melodieen von Händel sang.

Wilhelm der Fromme hatte fünfzehn Kinder, acht Töchter und sieben Söhne, welche, da das auf sie vererbte Vermögen gering war, loos'ten, welcher von ihnen heirathen und das tapfere Geschlecht der Welfen fortpflanzen sollte.

Das Loos traf Herzog Georg, den sechsten Bruder.

Die Andern blieben ledig oder schlossen, nach der fürstlichen Mode jener Zeit, Ehen zur linken Hand.

Es ist ein seltsames Bild, wenn man sich denkt, wie der Fürst in seiner kleinen hölzernen Hauptstadt stirbt und seine sieben Söhne das Loos werfen, wer die Krone erben und weiter überliefern soll.

Herzog Georg, der glückliche Gewinner, machte eine Reise durch Europa, während welcher er auch den Hof der Königin Elisabeth besuchte, und im Jahr 1617 kehrte er zurück und ließ sich mit einer Gemahlin von Darmstadt in Celle nieder. Seine übrigen Brüder wohnten der Ersparniß wegen ebenfalls alle in Celle.

Es dauerte nicht lange, so starben sie Einer nach dem Andern — alle diese ehrlichen Herzöge, Ernst und Christian, und August und Magnus, und Georg und John — und sie liegen begraben da drüben in der ziegelsteinernen Kirche zu Brendford an den sandigen Ufern der Aller.

Doctor Vehse entwirft ein ergötzliches Bild von der Lebensweise unserer Herzöge in Celle.

Wenn der Trompeter auf dem Thurme geblasen hat — befiehlt Herzog Christian — das heißt um neun Uhr des Morgens und um vier Uhr des Abends, muß Jeder bei Tische sein, und wer nicht da ist, bekommt Nichts zu essen.

Keiner der Diener, er wäre denn mit einem Auftrage fortgeschickt worden, darf in der Küche oder im Keller essen, oder ohne besondere Erlaubniß seine Pferde auf Kosten des Herzogs füttern. Wenn das Mahl in dem Hofzimmer aufgetragen ist, so macht ein Page die Runde und heißt einen Jeden ruhig und gesetzt sein, und verbietet alles Fluchen, Schwören und rohe Benehmen, eben so wie alles Herumwerfen von Brod, Knochen oder Braten und das Einstecken derartiger Gegenstände.

Jeden Morgen um sieben Uhr bekommen die Knappen ihre Morgensuppe, und mit dieser eben so wie mit dem Mittagsmahl zugleich ihren Tischtrunk — jeden Morgen, mit Ausnahme des Freitag Morgens, wo Predigt war und es Nichts zu trinken setzte. Jeden Abend bekommen sie ihr Bier und Abends ihren Schlaftrunk.

Der Kellermeister hat ganz besonders Auftrag, weder Edelmann noch Gemeinen in den Keller gehen zu lassen. Wein kommt blos auf die Tafel des Fürsten oder des Rathes, oder Kanzlers, und jeden Montag befiehlt der alte ehrliche Herzog Christian, daß die Rechnungen gemacht und die Ausgaben für die Küche, für den Wein- und Bierkeller, für das Backhaus und den Stall zusammengestellt werden.

Herzog Georg, der, welcher geheirathet hatte,

blieb nicht zu Hause, um von dem Bier und Wein mit zu genießen, oder die Predigten mit anzuhören. Er ging hin, wo es etwas zu kämpfen gab und wo Gewinn zu holen war. Er diente als General in der Armee des niedersächsischen Kreises, der protestantischen Armee; dann ging er zum Kaiser über und focht mit seinen Heeren in Deutschland und Italien, und als Gustav Adolph in Deutschland erschien, nahm Georg Dienste als schwedischer General und bemächtigte sich der Abtei Hildesheim als seines Antheils an der Beute.

Hier starb im Jahre .... Herzog Georg, und hinterließ vier Söhne, von deren jüngstem unsere königlichen George abstammen.

Drittes Kapitel.

Unter den Kindern des Herzogs Georg scheinen die alten gottesfürchtigen, schlichten Lebensgewohnheiten von Celle aus der Mode gekommen zu sein.

Der zweite Bruder besuchte fortwährend Venedig und führte dort ein lustiges, lasterhaftes Leben.

Es war dies zu Ende des siebzehnten Jahrhunderts die lebenslustigste aller Städte, und Militairs eilten nach Beendung eines Feldzuges dorthin, so wie die Krieger der Alliirten im Jahr 1814 nach Paris eilten, um dort zu spielen, sich zu erlustiren und an allen Arten ruchloser Vergnügungen Theil zu nehmen.

Dieser Prinz also, welcher Venedig und dessen Freuden liebte, brachte italienische Sängerinnen und Tänzerinnen mit nach dem ruhigen alten Celle und, was noch schlimmer war, er erniedrigte sich dadurch, daß er eine französische Dame von weit geringerer Geburt, als die seinige war, heirathete. Es war Eleonore von Olbreuse, von welcher unsere Königin abstammt.

Eleonore hatte eine schöne Tochter, die ein bedeutendes Vermögen erbte, welches ihrem Cousin, Georg Ludwig von Hannover, den Wunsch einflößte, sie zu heirathen, so daß sie eben in Folge ihrer Schönheit und ihres Reichthums ein trauriges Ende nahm.

Es würde uns zu lange aufhalten, wenn wir erzählen wollten, wie die vier Söhne des Herzogs Georg seine Gebiete unter sich theilten, und wie dieselben endlich in den Besitz des Sohnes des jüngsten der vier Brüder kamen.

In dieser Generation ward der protestantische Glaube in der Familie beinahe wieder ausgerottet, und wo hätten wir in England dann einen König hernehmen sollen?

Der dritte Bruder fand ebenfalls Vergnügen an dem Aufenthalt in Italien, wo die Priester ihn und obendrein seinen protestantischen Kaplan bekehrten.

In Hannover ward wieder Messe gelesen, und

italienische Sopranisten quälten ihre lateinischen Verse anstatt der Kernlieder, welche Wilhelm der Fromme und Doctor Luther sangen.

Ludwig der Vierzehnte gab diesen und anderen Bekehrten eine freigebige Pension. Eine Menge Franzosen und glänzende französische Moden kamen an den Hof unseres Herzogs.

Es ist unberechenbar, wie viel jener königliche Prahler Deutschland kostete. Jeder Fürst ahmte den französischen König nach und hatte sein Versailles, sein Wilhelmshöhe, oder Ludwigsluft, seinen Hof und dessen Glanz, seinen mit Statuen geschmückten Garten, seine Wasserkünste und Tritonen, seine Schauspieler, Tänzer, Sänger und Musikanten, seinen Harem, seine Diamanten und Herzogthümer für die Bewohnerinnen dieses Harems, seine riesigen Festlichkeiten, seine Spieltische, Turniere, Masteraden und Bankette, die eine Woche lang dauerten und welche das Volk mit seinem Gelde bezahlen mußte, wenn es welches hatte, oder mit seinem Fleisch und Blut, wenn es kein Geld hatte, denn es ward zu Tausenden von seinen Herren und Meistern verkauft, die einen großartigen Soldatenhandel trieben, am Spieltische oft ein Regiment auf eine einzige Karte setzten, oder ein

Bataillon für das Halsband einer Tänzerin hingaben und gleichsam ihr Volk in die Tasche steckten.

Wenn man mittelst aus jener Zeit herrührender Reisebeschreibungen einen Blick auf das Europa zu Anfange des vorigen Jahrhunderts wirft, so ist das Schauspiel ein entsetzliches.

Ausgeplünderte, verheerte Gegenden, halb verbrannte Hütten und zitternde Landleute sieht man, welche eine klägliche Ernte einsammeln, Söldnerschaaren, die von Bajonetten vorwärts getrieben werden, und Korporale mit Stöcken und Kantschuen, um sie in die Kaserne hinein zu prügeln.

An diesen vorüber rasselt der vergoldete Wagen des Landesherrn durch die tiefausgefahrenen Gleise der grundlosen Straße, und er flucht auf die Postillone, die sich mühen, die Residenz so bald als möglich zu erreichen. Dicht dabei, aber fern von dem Lärm und dem Getöse der Bürger und Gewerbtreibenden, liegt Wilhelmslust oder Ludwigsruhe oder Monbijou, oder Versailles — es kommt kaum darauf an, was für eins — nahe bei der Stadt durch Waldungen abgeschlossen von dem verarmten Lande, der ungeheure, abscheuliche, vergoldete, unförmliche Marmorpalast, wo der Fürst wohnt und der Hof, und die

zierlichen Gärten und großartigen Wasserkünste, und
der Wald, wo die zerlumpten Bauern das Wild
treiben müssen — es ist ihnen bei Todesstrafe verboten, nur eine Feder anzurühren, und die lustige
Jagd fegt vorbei mit ihren karmoisinrothen, goldenen
Uniformen, und der Fürst sprengt voran und bläs't
sein königliches Horn, und seine Herren und Damen
reiten hinter ihm her und der Hirsch wird nieder-
gehetzt, und der Oberjägermeister überreicht unter
schmetternder Fanfare dem Fürsten den Hirschfänger,
und dann geht der Hof nach Hause zu Tische, und
unser edler Reisender, mag es nun der Baron von
Pöllnitz oder der Graf von Königsmark, oder der
vortreffliche Chevalier de Seingalt sein, sieht die
Procession durch die zierlichen Baumgänge des Wal-
des schimmern und eilt in das Gasthaus, und läßt
seinen adeligen Namen bei dem Hofmarschall an-
melden.

Dann kleidet sich unser Edelmann in Grün und
Gold, oder Roth und Silber, nach der kostbarsten
pariser Mode und wird durch den Kammerherrn ein=
geführt, und macht seine Verbeugung vor dem lustigen Fürsten und der gnädigen Fürstin, und wird
den vornehmsten Herren und Damen vorgestellt, und

dann kommt das Souper und eine Pharobank, wo er, ehe es Tag wird, tausend Goldstücke verliert oder gewinnt.

Wenn es ein deutscher Hof ist, so kann man zu diesem Bilde des Hoflebens noch eine gehörige Quantität Trunkenheit hinzufügen; mag der Hof aber ein deutscher, oder französischer, oder spanischer sein, — wenn man aus den Palastfenstern über die zierlich verschnittenen Waldfernsichten hinausschauen kann, so sieht man draußen das Elend; der Hunger schleicht um die kahlen Dörfer herum und treibt gedankenlos ein wenig unsicheren Feldbau, oder sammelt furchtsam dürftige Ernten ein.

August der Starke sitzt wohlgenährt und munter auf seinem Thron; er kann mit seiner Faust einen Stier erlegen und auch fast aufessen. Seine Maitresse, Aurora von Königsmark, ist das reizendste, witzigste Wesen; seine Diamanten sind die größten und herrlichsten von der Welt, und seine Feste und Gelage eben so glänzend, wie die von Versailles.

Was Ludwig den Großen betrifft, so ist er mehr als sterblich. Hebe Deine Blicke ehrerbietig empor und siehe, wie er Frau von Fontanges oder Frau von Montespan unter seiner wallenden Lockenperrücke hervor mustert, während er durch die große Galerie schreitet, wo Villars und Vendome, Berwick, Bossuet und Massillon harren. Kann es einen glänzenderen Hof, stolzere und stattlichere Edelleute und Ritter und reizendere, liebenswürdigere Damen geben?

Einen größern Monarchen oder einen elenderen, ausgehungerteren Unglücklichen, als den Bauer, seinen Unterthan, kann man nicht sehen.

Wir wollen diese beiden Vorbilder in der Erinnerung behalten, wenn wir die alte Gesellschaft richtig zu beurtheilen wünschen.

Wir sollen uns auch des Ruhmes und der Ritterlichkeit erinnern? Ja, wir erinnern uns der Anmuth und Schönheit, des Glanzes und der feinen Lebensart; der tapfern Courtoisie von Fontenoy, wo die französische Linie die Herren von der englischen Garde bittet, zuerst zu feuern; der edlen Beständigkeit und Villars, seines Generals, welcher die letzte Armee mit dem letzten Thaler des Schatzes ausrüstet und bei Denain dem Feinde entgegengeht, um für Frankreich zu sterben oder zu siegen.

Aber rund um all' diesen königlichen Glanz herum liegt eine in Sklavenketten geschlagene, ruinirte Nation. Wir sehen überall Menschen, die ihrer Rechte beraubt werden, verheerte Gemeinden — Glauben, Gerechtigkeit, Verkehr mit Füßen getreten und beinahe vernichtet — ja, in dem Mittelpunkte des Königthums selbst, welche entsetzliche Verworfenheit und Schmach, welche Verbrechen!

Oft ist es nur eine einfältige, freche Metze, vor welcher die edelsten Herren und einige der stolzesten Frauen der Welt den Nacken beugen; es ist der Preis einer elenden Provinz, den der König in Diamanten um den weißen Hals seiner Maitresse bindet.

In der ersten Hälfte des vorigen Jahrhunderts, sage ich, geht dies in ganz Europa so. Sachsen ist absolut eine Wüstenei wie die Picardie und Artois, und Versailles ist blos größer, aber nicht schlechter, als Herrenhausen.

Viertes Kapitel.

Es war der erste Kurfürst von Hannover, welcher die glückliche Heirath schloß, die uns Briten das Geschlecht der hannöverschen Souveraine schenkte.

Neun Jahre, nachdem Karl Stuart den Kopf durch Henkershand verloren, heirathete seine Nichte, Sophie, eins der vielen Kinder eines andern unglücklichen entthronten Souverains, des Kurfürsten von der Pfalz, den Herzog Ernst August von Braunschweig, und brachte neben ihrem andern dürftigen Heirathsgut auch die Anwartschaft auf die Krone der drei Königreiche mit.

Eine der schönsten, heitersten, verständigsten, schlauesten und gebildetsten der Frauen war diese Sophie, die Tochter des armen Friedrich, des Winterkönigs von Böhmen.

Die andern Töchter der schönen, unglücklichen Elisabeth Stuart gingen zur katholischen Kirche über, diese aber blieb ~~zum Glück~~ für ihre Familie, der reformirten Religion, ich kann nicht sagen, treu, nahm aber wenigstens keine andere an.

Ein Agent des französischen Königs, Gourville, selbst ein Bekehrter, bemühete sich, sie und ihren Gatten zur Einsicht der Wahrheit zu bringen und sagt uns, er habe eines Tages die Herzogin von Hannover gefragt, zu welcher Religion ihre Tochter, damals ein hübsches Mädchen von dreizehn Jahren, sich bekenne.

Die Herzogin antwortete, die Prinzessin habe bis jetzt noch gar keine Religion. Man warte nämlich erst, bis man wüßte, zu welcher Religion sich ihr künftiger Gemahl bekennen würde, ob zur protestantischen, oder zur katholischen, bevor man sie überhaupt in religiösen Dingen unterrichten ließe.

Und der Herzog von Hannover sagte, als er Gourville's Vorschläge vollständig angehört, eine Veränderung werde in seinem Hause allerdings vortheilhaft sein, er selbst aber sei zu alt, um sich noch zu verändern.

Diese schlaue Frau hatte so scharfe Augen, daß

sie wußte, wie sie dieselben bei gewissen Gelegenheiten zu schließen hatte, und war blind gegen viele Fehler, welche, wie es schien, ihr Gemahl, der Bischof von Osnabrück und Herzog von Hannover, beging.

Er liebte nämlich sein Vergnügen, wie andere Monarchen — war ein lustiger Fürst, der den Freuden der Tafel und der Flasche ergeben war; er ging gern nach Italien, wie seine Brüder vor ihm gethan, und wir lesen, wie er ganz jovial 6700 Mann seiner Hannoveraner an die Regierung der Republik Venedig verkaufte. Sie zogen tapfer fort nach Morea unter dem Befehl von Ernst's Sohne, des Prinzen Max, aber nur 1400 von ihnen sahen die Heimath wieder.

Die deutschen Fürsten trieben, wie schon bemerkt worden, in diesem Artikel ein flottes Geschäft. Man entsinnt sich, wie Georg's des Dritten Regierung ganze Regimenter Hessen kaufte und welchen Gebrauch wir davon während des amerikanischen Unabhängigkeitskrieges machten.

Die Ducaten, welche Herzog Ernst für seine Soldaten bekam, verthat er in einer Reihenfolge der glänzendsten Festlichkeiten. Nichtsdestoweniger war der joviale Fürst sparsam und behielt sein Interesse scharf im Auge; er erlangte die Kurwürde, verheirathete seinen ältesten Sohn mit seiner schöne Cousine von Celle und schickte seine Söhne als Befehlshaber von Armeen hinaus in den Kampf — bald für diese Partei, bald für jene.

So lebte er, ging seinem Vergnügen nach und entwarf seine Pläne als ein lustiger, kluger Fürst, obschon, fürchte ich, nicht als ein sehr moralischer Fürst, von welcher Gattung wir überhaupt im Laufe dieser Vorlesungen sehr wenig Exemplare sehen werden.

Fünftes Kapitel.

Ernst August hatte im Ganzen sieben Kinder, von welchen einige ungerathen waren und sich gegen das von dem Kurfürsten eingeführte System des Erstgeburtsrechts und der Nichttheilung des Eigenthums empörten.

„Gustchen," schreibt die Kurfürstin in Bezug auf ihren zweiten Sohn, „Gustchen ist ausgeschlossen und sein Vater will ihm Nichts mehr geben. Ich lache während des Tages und weine die ganze Nacht darüber, denn ich bin mit meinen Kindern wie eine Närrin."

Drei von den sechs Söhnen blieben im Kampfe gegen Türken, Tartaren und Franzosen. Einer davon betheiligte sich bei einer Verschwörung, revoltirte, floh nach Rom und ließ einen Agenten zurück, welchem der Kopf abgeschlagen ward.

Die Tochter, von deren erster Erziehung wir oben sprachen, ward an den Kurfürsten von Brandenburg verheirathet und zu ihrer Religion auf diese Weise endlich die protestantische gewählt.

Eine Nichte der Kurfürstin Sophie — welche bewogen worden, die Religion zu wechseln und den Herzog von Orleans, Bruder des französischen Königs, zu heirathen, eine Frau, deren redliches Herz stets bei ihren Freunden und dem lieben alten Deutschland war, obschon ihr kleiner dicker Körper in Paris oder Marly, oder Versailles weilte — hat uns in ihrer ungeheuer umfangreichen Correspondenz — wovon ein Theil in deutscher und französischer Sprache gedruckt worden — Erinnerungen an die Kurfürstin und an Georg, ihren Sohn, hinterlassen.

Elisabeth Charlotte war in Osnabrück, als Georg im Jahre 1660 geboren ward. Nur mit genauer Noth entging sie einer körperlichen Züchtigung, weil sie an diesem segensreichen Tage im Wege war.

Sie scheint dem kleinen Georg eben so wenig gewogen gewesen zu sein, wie dem erwachsenen, und schildert ihn als widerwärtig, hart, kalt und schweigsam.

Schweigsam mag er gewesen sein und nicht ein lebenslustiger Fürst, wie sein Vater vor ihm, dabei aber war er ein kluger, ruhiger, egoistischer Potentat, der seinen eigenen Weg ging, seine Angelegenheiten selbst besorgte und sein eigenes Interesse ausgezeichnet gut verstand.

Bei Lebzeiten seines Vaters und an der Spitze der acht oder zehntausend Mann zählenden Streitmacht von Hannover, diente Georg dem Kaiser an der Donau gegen die Türken, bei der Belagerung von Wien, in Italien und am Rhein. Als er Kurfürst ward, führte er seine Angelegenheiten mit großer Klugheit und Gewandtheit.

Sein Volk in Hannover war ihm sehr gewogen. Er trug seine Gefühle nicht zur Schau, aber er weinte von Herzen, als er fortging, und das Volk weinte vor Freuden, wenn er einmal wieder kam.

Er bewies ungewöhnliche Klugheit und Kaltblütigkeit des Benehmens, als er in sein Königreich kam. Er ließ sich nicht zu Ueberhebung verleiten, denn er bedachte mit Recht, daß er ja vielleicht früher oder später wieder vertrieben werden könnte.

Daher betrachtete er sich blos als Miethsmann und suchte sein kurzes, ungewisses Verweilen in

St. James und Hampden Court so gut als möglich zu benutzen.

Allerdings plünderte er ein wenig und theilte den Raub mit seinem deutschen Gefolge; aber was konnte man Anderes von einem Monarchen erwarten, welcher daheim seine Unterthanen zu so und so viel Ducaten per Kopf verkaufen konnte und sich niemals ein Gewissen daraus machte, auf diese Weise über sie zu verfügen?

Er bewies einen bedeutenden Grad von Schlauheit, Klugheit und auch Mäßigung.

Der deutsche Protestant war ein wohlfeilerer, besserer und gutmüthigerer König, als der katholische Stuart, auf dessen Stuhl er saß; und gegen England in so weit redlich, als er England sich selbst regieren ließ. —

Als ich den Plan zu diesen Vorlesungen entwarf, machte ich es mir zur Pflicht, die häßliche Wiege zu besuchen, in welcher unsere George groß gezogen wurden.

Die alte Stadt Hannover sieht wahrscheinlich jetzt noch ziemlich ganz so aus, wie zu der Zeit, wo Georg Ludwig sie verließ. Die Gärten und Pavillons von Herrenhausen sind kaum verändert seit dem

Tage, wo die dicke alte Kurfürstin Sophie auf ihrem letzten Spaziergange darin niederfiel und der Tochter Jakob's des Zweiten, deren Tod den Braunschweiger=Stuarts in England den Weg bahnte, um nur wenige Wochen in's Grab voranging.

Die beiden ersten königlichen George und ihr Vater Ernst August besaßen in Bezug auf das Heirathen ganz königliche Begriffe, und Ludwig der Vierzehnte und Karl der Zweite zeichneten sich in Versailles und St. James kaum mehr aus, als diese deutschen Sultane in ihrer kleinen Stadt an den Ufern der Leine.

In Herrenhausen kann man jetzt noch das sehr ländliche Theater sehen, auf welchem die Platens tanzten und Maskenspiele aufführten und vor dem Kurfürsten und seinen Söhnen sangen.

Man sieht hier noch dieselben steinernen Faune und Dryaden, welche durch die Zweige schimmern, grinsend und ihre stummen Weisen blasend, gerade wie zu der Zeit, wo geschmückte Nymphen sie mit Guirlanden bekränzten, unter den laubreichen Arkaden mit vergoldeten Krummstäben erschienen, Widder mit vergoldeten Hörnern führten, als Diana oder Minerva in Luftwagen herabstiegen und den aus dem Feldzuge heimgekehrten Prinzen unermeßliche allegorische Schmeicheleien sagten.

Es herrschte damals in Europa ein merkwürdiger Zustand der Moral und der Politik, eine seltsame Folge des Triumphs des monarchischen Princips. Die Adelsherrschaft war niedergeworfen, die Edelleute waren in ihren Zwistigkeiten mit der Krone so ziemlich besiegt, und der Monarch war Alles in Allem. Er ward fast ein Gott und die stolzesten, aus den ältesten Geschlechtern stammenden Edelleute des Landes verrichteten gemeine Dienstleistungen für ihn.

Wer trug Ludwig dem Vierzehnten das Licht, wenn er zu Bett ging? Welcher Prinz vom Geblüt hielt dem König das Hemd, wenn seine allerchristlichste Majestät dieses Kleidungsstück wechselte? Die französischen Memoiren des siebzehnten Jahrhunderts enthalten eine Menge solcher Einzelnheiten und derartiges Gewäsch.

Die Tradition ist auch jetzt noch nicht erloschen in Europa. Jeder von den Myriaden, welche bei dem glänzenden Schaugepränge der Eröffnung des Krystallpalastes in London zugegen waren, muß gesehen haben, wie zwei edle Lords, hohe Beamte des königlichen Haushalts, mit alten Stammbäumen, mit geſtickten Röcken, mit Sternen auf der Bruſt und Stäben in den Händen, während des königlichen Zuges beinahe eine Meile weit rückwärts gingen.

Sollen wir über dieſe aus der alten Welt ſtammenden Ceremonieen uns wundern — ſollen wir uns ärgern — oder ſollen wir darüber lachen?

Man betrachte ſie wie man wolle, je nach ſeiner Laune und mit Verachtung, oder mit Ehrerbietung, oder mit Aerger und Kummer, je nachdem man geſtimmt iſt.

Gesler's Hut ſteckt auf der Stange. Begrüße dieſes Symbol der unumſchränkten Gewalt mit innigegefühlter Ehrfurcht, oder mit einem mürriſchen Achſelzucken der ſchweigenden Zuſtimmung, oder mit einem grinſenden Bückling, oder mit einem hartnäckigen rebelliſchen Nein — ziehe Deinen Filz bis über die Ohren und weigere Dich, ihn vor dieſem mit Flittern beſetzten Sammet und wallenden Federbuſche abzunehmen. Ich mache keine Gloſſen über das Benehmen der Zuſchauer, ſondern ſage weiter Nichts, als daß Gesler's Hut auch heute noch auf dem Marktplatze von Europa aufgeſteckt ſteht, und nicht wenig Leute immer noch davor knieen.

Man ſetze tölpiſche, hohe holländiſche Statuen

an die Stellen der marmornen von Versailles; man
denke sich die Wasserkünste von Herrenhausen an die
Stelle der von Marly; man besetze die Tische mit
Schweinskopf, Specksuppe, Leberkuchen und dergleichen
Delicatessen, anstatt der französischen cuisine, man
denke sich, wie Frau von Kielmannsegge mit dem
Kammerjunker Grafen Quirini tanzt, oder fran=
zösische Lieder mit dem fürchterlichsten deutschen Accent
singt; man denke sich ein grobes Versailles, und wir
haben Hannover vor uns.

„Ich bin nun in die Region der Schönheit ge=
langt," schreibt Mary Wortley im Jahre 1716 aus
Hannover. „Alle Frauen haben buchstäblich rosige
Wangen, schneeweiße Stirnen und Nacken, schwarze
Augenbrauen und in der Regel auch kohlschwarzes
Haar. Diese Vorzüge werden ihnen auch bis zum
Tage ihres Todes nicht untreu, und machen bei
Kerzenlicht einen sehr schönen Effect; ich für meine
Person aber möchte wünschen, daß ein wenig mehr
Abwechselung in dieser Schönheit wäre. Sie sehen
einander so ähnlich, wie Mistreß Salm's Wachs=
figuren, und schweben in eben so großer Gefahr, zu
zerschmelzen, wenn sie dem Feuer allzunahe kommen."

Die schlaue Mary Wortley sah dieses geschminkte

Serail des ersten Georg von Hannover im Jahre nach seiner Gelangung auf den britischen Thron. Es wurden damals große Festlichkeiten gefeiert.

Lady Mary sah hier auch Georg den Zweiten. „Ich kann," sagte sie, „ohne Schmeichelei und ohne Parteilichkeit, versichern, daß unser junger Prinz alle Vorzüge besitzt, die man in seinem Alter haben kann — mit Ausdruck von Witz und Verstand, und in seinem Benehmen etwas so Gewinnendem, daß es nicht des Vortheils seines Ranges bedarf, um reizend und liebenswürdig zu erscheinen."

Anderwärts finde ich ähnliche Lobreden auf Frederick, Prinz von Wales, den Sohn Georg's des Zweiten, natürlich auch auf Georg den Dritten und in ganz besonderem Grade auf Georg den Vierten.

Es war damals Regel, daß man von Prinzen geblendet ward, und die Augen des Volks blinzelten ganz ehrlich vor diesem königlichen Glanze.

Sechstes Kapitel.

Der kurfürstliche Hofstaat von Hannover war zahlreich und für die damaligen Zeiten auch gut bezahlt, vor allen Dingen mit einer Pünktlichkeit bezahlt, deren sich wenig andere europäische Höfe rühmen konnten.

Es wird meinen Zuhörern vielleicht Vergnügen machen, zu wissen, wie der kurfürstliche Hof zusammengesetzt war.

Den ersten Rang nahmen die Prinzen des Hauses ein, und den zweiten der einzige Feldmarschall der Armee — „das Contingent zählte achtzehntausend Mann," sagt Pöllnitz, „und der Kurfürst hatte noch anderweite vierzehntausend Mann Truppen in seinem Sold." —

Dann folgen in gebührender Ordnung die Civil-

und Militairbehörden, die geheimen Räthe, die Generale der Cavallerie und Infanterie, welche die dritte Klasse bilden. Dann kommen der Oberkammerherr, die Oberhofmarschälle, die Oberstallmeister, die Generalmajore der Cavallerie und Infanterie der vierten Klasse, bis herab zu den Majors, den Hofjunkern, den Pagen, den Secretairs oder Assessoren in der zehnten Klasse, die sämmtlich von Adel waren.

Der Stallmeister hatte 1090 Thaler Gehalt, der Oberkammerherr 2000 — ein Thaler war ungefähr drei Schillinge unseres Geldes.

Es gab zwei Oberkammerherren und einen für die Prinzessin; fünf Kammerherren und fünf Ceremonienmeister, elf Pagen und Personen zum Unterricht dieser jungen Edelleute — wie z. B. einen Gouverneur, einen Präceptor, einen Fechtmeister und einen Tanzmeister, diese letztern mit einem schönen Gehalt von 400 Thalern.

Es gab drei Leib- und Hofärzte mit 800 und 500 Thalern; einen Hofbarbier mit 600 Thalern; einen Hoforganisten, zwei Musikanten, vier französische Geiger, zwölf Trompeter und einen Hornisten, so daß an Musik, geistlicher sowohl als weltlicher, in Hannover kein Mangel war.

Es gab zehn Kammerdiener und vierundzwanzig Lakaien in Livrée; einen maître d'hôtel und mehrere Küchendiener, einen französischen Koch, einen Leibkoch, zehn Köche, sechs Küchenjungen, zwei Bratenmeister — man denkt sich dabei ungeheure Bratspieße, welche sich langsam umdrehen, während sie von den ehrlichen Bratenmeistern begossen werden — einen Pastetenbäcker, und endlich drei Scheuerweiber mit dem bescheidenen Gehalte von elf Thalern.

In der „Zuckerstube" gab es vier Conditoren, ohne Zweifel für die Damen, sieben Beamte in den Wein- und Bierkellern; vier Brodbäcker und fünf Leute in dem Geschirrzimmer.

In den Ställen gab es sechshundert Pferde — nicht weniger als zwanzig Gespanne fürstlicher Wagenpferde, acht auf ein Gespann — sechzehn Kutscher, vierzehn Postillone, neunzehn Stallknechte, dreizehn Gehülfen, außer Schmieden, Wagenmeistern, Thierärzten und andern Stallbedienten.

Die weibliche Dienerschaft war nicht so zahlreich. Es schmerzt mich, zu finden, daß sie aus blos zwölf bis vierzehn Personen bestand, wie es denn auch für den ganzen Hof blos zwei Waschweiber gab. Diese Leute hatten damals nicht so viel zu thun, wie jetzt.

Ich gestehe, es macht mir Vergnügen, in den Chroniken nach dergleichen Bagatellen herumzustöbern. Ich bevölkere die alte Welt gern mit ihren alltäglichen Gestalten und Bewohnern — nicht sowohl mit Helden, welche ungeheure Schlachten schlagen und zurückgeworfene Bataillone wieder in's Treffen führen, oder mit Staatsmännern, die in dunkle Cabinete eingeschlossen sitzen und über wichtige Gesetze oder furchtbare Verschwörungen nachdenken — als vielmehr mit Menschen, die mit ihrer alltäglichen Arbeit oder mit ihrem Vergnügen beschäftigt sind.

Ich sehe den Edelmann im Walde jagen oder bei Hofe tanzen, oder sich vor Serenissimo tief verbeugen. Hans Koch und seine Küchenjungen bringen die Mahlzeit aus der Küche; die lustigen Kellermeister bringen die Flaschen; der dicke Kutscher fährt den schwerfälligen vergoldeten Wagen mit acht Rossen in Geschirren von scharlachrothem Sammet und Maroquin, ein Postillon sitzt auf dem Sattelpferde, und ein paar oder ein halbes Dutzend Läufer rennen neben dem Wagen her mit kugelförmigen Mützen, langen Stöcken mit schweren silbernen Knöpfen und über und über mit Silber und Gold betreßten Jacken.

Ich sehe, wie die Weiber und Töchter der Patrizier von den Balcons herabschauen, wie die Bürger, bei ihrem Bier und ihrer Mumme sitzend, aufstehen und die Mützen ziehen, wenn die Cavalcade mit Fackelträgern durch die Stadt kommt, während die Trompeter sich fast die Lunge ausblasen und ganze Schwadronen gestiefelter Leibgardisten in blanken Küraffen und auf riesigen Streitrossen sitzend, den Wagen Sr. kurfürstlichen Durchlaucht von Hannover nach Herrenhausen escortiren oder vielleicht auch bei Monplaisir, dem Landhause der Frau von Platen, welches auf der Hälfte des Weges von der Residenz nach dem Sommerpalaste liegt, Halt machen.

Siebentes Kapitel.

In den guten alten Zeiten, von welchen ich spreche, wo das gemeine Volk heerdenweise fortgetrieben und verkauft ward, um gegen die Feinde des Kaisers an der Donau zu fechten, oder König Ludwig's Truppen am Rheine zu schlagen, zogen Edelleute von Hof zu Hof, um bei einem oder dem andern Fürsten Dienste zu suchen, und übernahmen ganz natürlich das Commando über die gemeinen Soldaten, welche kämpften und starben, fast ohne Hoffnung auf Beförderung.

Adelige Abenteurer reis'ten von Hof zu Hof, um eine Anstellung zu suchen.

Es geschah dies aber nicht blos von Männern, sondern auch von adeligen Frauen, und wenn diese Letztern schön waren, und die Fürsten geneigte Notiz von ihnen nahmen, so blieben sie an den Höfen, wurden die Favoritinnen der kurfürstlichen Durchlauchten oder königlichen Hoheiten, und empfingen große Summen Geld und prachtvolle Diamanten.

Gleichzeitig wurden sie auch zu Herzoginnen und Marquisen und dergleichen befördert, und verloren wegen der Art und Weise, auf welche sie zu dieser Beförderung gelangt waren, in der öffentlichen Achtung nicht sonderlich.

Auf diese Weise kam zum Beispiel Mademoiselle de Querouailles, eine schöne französische Dame, in einem speziellen Auftrage Ludwig's des Vierzehnten nach London, und ward von unserem dankbaren Lande und Monarchen adoptirt und figurirte dann als Herzogin von Portsmouth.

Auf dieselbe Weise fand die schöne Aurora von Königsmark auf ihren Reisen Gnade vor den Augen August's von Sachsen und ward die Mutter des Marschalls von Sachsen, der uns bei Fontenoy schlug; und auf diese Weise reis'ten auch die reizenden Schwestern Elisabeth und Melusine von Weißenbug — nachdem sie von Paris, wohin sie in gleicher Absicht gereis't waren, durch die kluge Eifersucht der damals herrschenden Favoritin vertrieben worden — nach

Hannover und wurden die Favoritinnen des damals dort regierenden Herrscherhauses.

Jene schöne Aurora Königsmark und ihr Bruder sind wundervoll als Typen sonstiger Sitten und seltsame Illustrationen zu dem Texte, welcher die Moral der Vergangenheit behandelt.

Die Königsmarks stammten aus einer alten adeligen Familie in Brandenburg, von welcher eine Linie sich in Schweden angesiedelt hatte, wo sie sich bereicherte und mehrere gewaltige Männer von ausgezeichneter Tapferkeit hervorbrachte.

Der Gründer des Geschlechts war Hans Christoph, ein berüchtigter Haudegen und Plünderer im dreißigjährigen Kriege. Einer von Hans' Söhnen, Otto, erschien als Gesandter am Hofe Ludwig's des Vierzehnten und mußte bei seinem Empfange vor dem allerchristlichsten König eine schwedische Rede halten. Otto war ein berühmter Stutzer und Kriegsmann, die gelernte Rede aber hatte er vergessen, und was glaubt man wohl, was er that? Weit entfernt, aus der Fassung zu kommen, declamirte er seiner allerchristlichsten Majestät und dem Hofe einen Theil des schwedischen Katechismus vor. Natürlich verstand von allen Anwesenden kein Mensch Etwas davon, als sein eigenes Gefolge, welches freilich kaum im Stande war, die in Gegenwart des Königs sich gebührende Aufmerksamkeit zu bewahren.

Otto's Neffe, Aurora's älterer Bruder, Carl Johann von Königsmark, ein Günstling Carl's des Zweiten, ein schöner Mann, ein Stutzer, ein Krieger, ein Schurke von mehr als gewöhnlichem Schlage, entging in England, wo er Tom Thynne von Longleab ermordete, nur mit Mühe dem wohlverdienten Tode am Galgen. Er hatte damals einen kleinen Bruder mit sich in London, der ein eben so schöner Mann, ein eben so großer Stutzer und ein eben so großer Schurke war, als sein älterer Bruder. Dieser junge Mann, Philipp von Königsmark, war auch mit in jene Mordgeschichte verwickelt, und vielleicht kann man es nur beklagen, daß es ihm gelang, seinen schönen Hals aus der Schlinge zu ziehen.

Er ging nach Hannover und ward hier bald zum Obersten eines kurfürstlichen Dragonerregiments ernannt. Während seiner frühern Jugend war er Page am Hofe von Celle gewesen und man sagte, er und die hübsche Prinzessin Sophia Dorothea, welche nun mit ihrem Cousin Georg, dem Kurprinzen, vermählt war, hätten einander als Kinder geliebt. Diese Liebe sollte jetzt, obschon nicht in unschuldiger Weise, erneuet werden und ein furchtbares Ende nehmen.

Es ist kürzlich eine Biographie der Gemahlin Georg's des Ersten von Doctor Doran erschienen, und ich gestehe, daß ich über das Urtheil, welches dieser Autor fällt, und über seine Freisprechung dieser unglücklichen Frau sehr erstaunt bin.

Daß sie einen kalten, egoistischen Lüstling zum Manne hatte, kann Niemand bezweifeln; daß der schlimme Gatte aber auch ein schlimmes Weib hatte, das ist eben so klar. Sie ward des Geldes oder der Convenienz halber mit ihrem Cousin vermählt, wie alle Prinzessinnen vermählt wurden. Sie war sehr schön, lebhaft, witzig, gebildet; seine Rohheit berührte sie unangenehm, sein Schweigen und seine Kälte entfremdeten sie ihm, seine Grausamkeit beleidigte sie. Kein Wunder daher, daß sie ihn nicht liebte.

Wie konnte auch Liebe ein Theil des Vertrags bei einer solchen Ehe sein?

Das auf diese Weise freigebliebene Herz schenkte die arme Frau ihrem Jugendgeliebten, Philipp von Königsmark, einem der größten Strolche, von welchen die Geschichte des siebzehnten Jahrhunderts zu erzählen weiß.

Hundert und achtzig Jahre, nachdem dieser Mensch in sein jetzt noch unbekanntes Grab gebettet worden, stößt ein schwedischer Professor in der Universitätsbibliothek zu Upsala auf eine Kiste Briefe, welche Philipp und Dorothea an einander geschrieben und welche ihre klägliche Geschichte erzählen.

Der bezaubernde Königsmark hatte in Hannover zwei Frauenherzen erobert. Außer der reizenden jungen Gattin des Kurprinzen, Sophia Dorothea, hatte er auch einer abscheulichen alten Hofdame, der Gräfin von Platen, eine heftige Leidenschaft eingeflößt. Die Prinzessin scheint ihn mit einer vieljährigen Treue verfolgt zu haben. Ganze Stöße Briefe folgten ihm auf seinen Feldzügen und wurden durch den kühnen Abenteurer beantwortet. Die Prinzessin wollte mit ihm fliehen, um von ihrem widerwärtigen Gemahl um jeden Preis hinwegzukommen. Sie bat ihre Eltern, sie wieder zu sich zu nehmen; sie ging mit dem Gedanken um, sich nach Frankreich zu flüchten und katholisch zu werden, ja sie hatte schon ihre Juwelen zusammengepackt und höchst wahrscheinlich alle Einzelnheiten mit ihrem Geliebten in jener nächtlichen langen Unterredung besprochen, nach welcher Philipp von Königsmark für immer verschwunden war.

Königsmark hatte einmal im Weinrausche — es giebt kaum ein Laster, welches, wie er selbst zeigte, dieser Mann nicht geübt hätte — bei einem Souper in Dresden sich seiner vertrauten Bekanntschaft mit den beiden hannöverschen Damen, nicht blos mit der Prinzessin, sondern auch mit einer andern einflußreichen Dame in Hannover gerühmt. Die Gräfin Platen, die alte Favoritin des Kurfürsten, haßte den jungen Kurprinzen. Die junge Dame besaß lebhaften Witz und machte sich fortwährend über die alte lustig. Die Witzworte der Prinzessin wurden der alten Platen hinterbracht, gerade so wie heute noch unsere müßigen Worte umhergetragen werden, und so kam es, daß Beide einander haßten.

Achtes Kapitel.

Die Charaktere in dem Trauerspiel, über welches der Vorhang nun im Begriff steht, zu fallen, sind so schwarz und unheimlich, wie nur je ein menschliches Auge sie geschaut.

Wir sehen hier den lebenslustigen alten Fürsten, der verschmitzt, intriguant, den Trunk und die Bequemlichkeit liebt — nach meiner Ansicht macht sein guter Humor die Tragödie nur um so schauerlicher —; seine Gemahlin, welche wenig spricht, aber Alles beobachtet; seine alte geschminkte Isebel von einer Maitresse; seinen Sohn, den Kurprinzen, ebenfalls verschmitzt, ruhig, egoistisch und in der Regel schweigsam, ausgenommen, wenn er durch die unerträgliche Zunge seiner liebenswürdigen Gemahlin zur Wuth aufgestachelt ward; die arme Sophia

Dorothea mit ihrer Koketterie und ihrer leidenschaftliche Anhänglichkeit an ihren Strolch von Geliebten, mit ihren abenteuerlichen Unklugheiten und ihren tollen Kunstgriffen, und ihrer wahnsinnigen Treue und ihrer wüthenden Eifersucht in Bezug auf ihren Gemahl — obschon sie ihn verabscheuete und hinterging — und ihren ungeheuern Lügen; die Vertraute, natürlich, durch deren Hände die Briefe gehen, und endlich Lothario, den schönsten, verworfensten, unwürdigsten Menschen, den man sich denken kann.

Wie verfolgt diese verkehrte Treue der Leidenschaft den Bösewicht! Wie wahnsinnig treu ist das Weib, und wie staunenerregend lügt sie! Sie hat zwei oder drei Personen behext, die ihre Partei nehmen und an das von ihr begangene Unrecht durchaus nicht glauben.

Wie Maria von Schottland findet sie Männer, welche bereit sind, selbst in der Geschichte für sie zu conspiriren, und Leute, welche mit ihr zu thun haben, sind wie bezaubert und bestrickt und vom Teufel besessen.

Wie eifrig hat Miß Strickland Maria's Unschuld vertheidigt! Sind nicht unter meinen Zuhörerinnen Viele, welche dasselbe thun? Ihre Unschuld! Ich entsinne mich, daß, als ich noch Knabe war, eine große Partei hartnäckig erklärte, Caroline von Braunschweig sei ein Engel und eine Märtyrerin. Ebenso war auch Helene von Griechenland unschuldig. Sie lief niemals mit Paris, dem gefährlichen jungen Trojaner, davon. Menelaus, ihr Gatte, mißhandelte sie, und eine Belagerung von Troja hat es gar nicht gegeben.

Ebenso war auch Blaubart's Weib unschuldig. Sie guckte niemals in die Kammer, wo die andern Weiber mit abgeschlagenen Köpfen lagen. Sie ließ niemals den Schlüssel fallen oder befleckte ihn mit Blut, und ihre Brüder hatten ganz Recht, wenn sie Blaubart, dem blutdürstigen Unmenschen, den Garaus machten!

Ja, Caroline von Braunschweig war unschuldig, und Madame Lafarge hat niemals ihren Mann vergiftet, und Maria von Schottland richtete den ihrigen niemals zu Grunde, und die arme Sophia Dorothea war niemals untreu, und Eva stahl niemals den Apfel — es war eine hinterlistige feige Lüge der Schlange.

Georg Ludwig ist als ein mörderischer Blaubart mit Schmähungen und Verwünschungen überhäuft worden, während er doch an dem Vorgange, bei welchem Philipp von Königsmark in's Jenseits befördert ward, keinen Antheil hatte.

Der Kurprinz war abwesend, als die Katastrophe eintrat. Die Prinzessin war auf hunderterlei Weise gewarnt worden, sanft und mild von den Eltern ihres Gemahls, grimmig und zornig von ihm selbst, achtete aber auf alle diese Rathschläge nicht mehr, als dergleichen arme bethörte Geschöpfe zu thun pflegen.

Sonntags, am 1. Juli 1694, Nachts machte Königsmark bei der Prinzessin einen langen Besuch und verließ sie, um sich zur Flucht zu rüsten. Ihr Gemahl war nach Berlin verreif't, ihre Wagen und Pferde waren bestellt und zur Flucht bereit.

Mittlerweile hatten die Spione der Gräfin Platen diese Nachricht ihrer Herrin hinterbracht. Sie ging sofort zu Ernst August, und ließ sich von dem Kurfürsten einen Befehl zur Verhaftung des Schweden geben. Vier Trabanten wurden beauftragt, ihm auf dem Wege, auf welchem er kommen mußte, aufzulauern und ihn festzunehmen. Er wollte sich durch die vier Mann durchschlagen und verwundete mehr als einen von ihnen. Sie fielen über ihn her, hieben ihn nieder, und als er verwundet auf dem Boden lag, kam die Gräfin, seine Feindin, die er hintergangen und beleidigt, heraus und sah ihn liegen. Er fluchte ihr mit seinen sterbenden Lippen, und das wüthende Weib versetzte ihm einen Fußtritt auf den Mund.

Gleich darauf gab man ihm vollends den Rest; seine Leiche ward den nächstfolgenden Tag verbrannt und alle Spuren von ihm vertilgt.

Den Trabanten, welche ihn getödtet, ward bei schwerer Strafe das strengste Schweigen zur Pflicht gemacht. Die Prinzessin war angeblich krank und blieb in ihren Gemächern, aus welchen sie im October desselben Jahres — sie war damals achtundzwanzig Jahr alt — hinweggeführt und als Gefangene auf das Schloß Ahlden gebracht ward, wo sie nicht weniger als zweiunddreißig Jahr lebte.

Vorher war zwischen ihr und ihrem Gemahl die Scheidung erklärt worden. Sie hieß von nun an die Prinzessin von Ahlden, und ihr schweigsamer Gemahl nannte ihren Namen nicht wieder.

Neuntes Kapitel.

Vier Jahre nach dieser Katastrophe starb Ernst August, der erste Kurfürst von Hannover, und Georg Ludwig, sein Sohn, gelangte zur Regierung. Sechzehn Jahre regierte er in Hannover, worauf er, wie wir wissen, König von Großbritannien, Frankreich und Irland und Vertheidiger des Glaubens ward.

Die lasterhafte alte Gräfin Platen starb im Jahre 1706. Sie hatte das Augenlicht verloren, nichtsdestoweniger aber erzählt die Sage, sie habe den Geist des ermordeten Königsmark fortwährend an ihrem Bett gesehen.

Im Jahr 1700 starb der kleine Herzog von Gloucester, das letzte der Kinder der armen Königin Anna, und die Leute von Hannover erlangten nun sofort in England eine ungeheuere Bedeutung. Der

Kurfürstin Sophia ward die nächste Anwartschaft auf den englischen Thron zuerkannt. Georg Ludwig ward zum Herzog von Cambridge ernannt; großartige Deputationen wurden von England nach Deutschland hinüber gesendet, die Königin Anna aber, deren schwaches Herz an ihren Verwandten in St. Germain hing, konnte nie vermocht werden, ihrem Cousin, dem Kurfürsten von Hannover und Herzog von Cambridge, zu erlauben, ihr persönlich seine Ehrfurcht zu bezeugen und seinen Sitz im Oberhause einzunehmen.

Hätte die Königin nur noch einen Monat gelebt; wären die englischen Tories eben so kühn und entschlossen gewesen, wie sie gewandt und schlau waren, hätte der Fürst, den die Nation liebte und bemitleidete, sein Glück zu erfassen verstanden, so hätte Georg Ludwig niemals in der königlichen Kapelle von St. James deutsch gesprochen.

Als die Krone dem Kurfürsten Georg Ludwig wirklich zufiel, beeilte er sich durchaus nicht, sie aufzusetzen. Er wartete noch eine Weile daheim, nahm liebreichen Abschied von seinem lieben Hannover und Herrenhausen, und machte sich ganz gemächlich auf den Weg, um den „Thron seiner Ahnen" zu besteigen, wie er ihn in seiner ersten Reden an das Parlament nannte.

Er brachte eine compacte Schaar Deutsche mit, deren Gesellschaft er liebte und die Se. königliche Person umgaben. Er hatte seine treuen deutschen Kammerherren, seine deutschen Secretaire; seine Neger, die er in den Kriegen gegen die Türken selbst erbeutet, seine beiden häßlichen schon bejahrten deutschen Favoritinnen, die Frau von Kielmannsegge und Schulenburg, welche er später respective zur Gräfin von Darlington und zur Herzogin von Kendall machte.

Die Herzogin war lang und mager von Statur und erhielt deßhalb den unehrerbietigen Spitznamen „die Kletterstange."

Die Gräfin dagegen war eine sehr korpulente Dame, und man nannte sie deßhalb den „Elephanten."

Diese Damen liebten Beide Hannover und dessen Freuden. Sie klammerten sich an die Lindenbäume der großen Allee von Herrenhausen und wollten den Ort anfänglich nicht verlassen.

Die Schulenburg konnte eigentlich ihrer Schulden wegen nicht kommen; als der Elephant aber fand, daß die Kletterstange nicht abreis'te, packte er seine Koffer und entschlüpfte trotz seiner Plumpheit ziemlich gewandt aus Hannover.

Nun setzte sich sofort auch die Kletterstange in Bewegung und folgte ihrem Geliebten Georg Ludwig.

Es ist als spräche man von Capitain Macheath und Polly und Lucy. Den König, den wir gewählt hatten, die Höflinge, die sein Gefolge bildeten, die englischen Edelleute, welche kamen, um ihn zu bewillkommnen, und von welchen der schlaue alte Cyniker vielen den Rücken kehrte — ich gestehe, es ist dies ein wundersames satyrisches Gemälde. Ich bin zum Beispiel ein Bürger, welcher auf dem Hafendamme von Greenwich wartet und den König Georg mit lautem Hurrah begrüßt. Dennoch aber kann ich mich kaum enthalten, über die ungeheure Abgeschmacktheit dieser Ankunft zu lachen.

Hier liegen wir Alle auf unsern Knieen. Der Erzbischof von Canterbury wirft sich nieder vor dem Oberhaupt seiner Kirche, während die Kielmannsegge und die Schulenburg mit ihren dunkelrothen Gesichtern hinter dem Vertheidiger des Glaubens hervorgrinsen. Mylord, der Herzog von Marlborough, kniet ebenfalls hier, er, der größte Krieger aller

Zeiten; er, der den König Wilhelm betrog — den König Jacob den Zweiten — die Königin Anna — der England an die Franzosen verrieth, den Kurfürsten an den Prätendenten und den Prätendenten an den Kurfürsten — und eben so sehen wir hier Mylords Oxford und Bolingbroke, von welchen der letztere soeben den erstern zum Sturz gebracht hat und der, wenn er nur noch einen Monat Zeit gehabt hätte, den König Jacob nach Westminster geführt haben würde.

Die großen Whig-Gentlemen machten ihre Verbeugungen mit gehörigem Decorum, jener schlaue alte Intriguant kennt aber den Werth ihrer Loyalität.

„Loyalität gegen mich," denkt er bei sich selbst, „ist eine Abgeschmacktheit. Es giebt fünfzig Erben, die dem Throne näher stehen als ich. Ich bin blos ein Zufall und ihr wackern Whig-Gentlemen nehmt mich um Euretwillen, nicht um meinetwillen. Ihr Tories hasset mich, Du Erzbischof, der Du auf den Knieen liegst und vom Himmel schwatzest, Du weißt, daß ich mich um Deine neunundbreißig Artikel keinen Pfifferling scheere, und daß ich von Deinen dummen Predigten kein Wort verstehe. Ihr, Mylords Bolingbroke und Oxford, Ihr wißt, daß Ihr vor einem

Monat gegen mich conspirirtet, und Du, Mylord, Herzog von Marlborough — Du würdest mich, oder sonst Jemanden auf der Stelle verkaufen, wenn Du Deinen Vortheil dabei fändest. Komm, meine gute Melusine, komm, meine redliche Sophie, wir wollen in mein Privatzimmer gehen und einige Austern und ein paar Flaschen Rheinwein zu uns nehmen und dann eine Pfeife rauchen. Laßt uns unsere Situation so gut benützen als wir können; laßt uns nehmen, was zu bekommen ist. Mögen diese großmäuligen, lügenhaften Engländer schreien und sich mit einander herumschlagen, wie sie wollen."

Wäre Swift nicht für die Staatsmänner der unterliegenden Partei gewonnen gewesen, welch' ein schönes satyrisches Bild würden wir von diesem allgemeinen sauve qui peut unter der Torypartei gehabt haben!

Wie still wurden die Tories! Wie machten das Ober- und Unterhaus sofort Kehrt und wie würdevoll hießen die Majoritäten den König Georg willkommen!

Bolingbroke machte in seiner letzten Rede vor dem Oberhause auf die Schmach der Pairschaft aufmerksam, wo mehrere Lords durch eine einzige algemeine Abstimmung Alles verdammten, was sie in frühern Parlamenten durch viele besondere Beschlüsse gutgeheißen hatten.

Eben so schmachvoll war ihre Handlungsweise. St. John's Argument war ganz gut, aber die Abstimmung fiel dennoch zu seinem Nachtheile aus.

Es waren schlimme Zeiten für ihn angebrochen. Er führte philosophische Reden und betheuerte seine Unschuld. Er sehnte sich nach Zurückgezogenheit und war bereit, die Verfolgung und Zurücksetzung über sich ergehen zu lassen; als er aber hörte, daß der ehrliche Mat Prior, welcher von Paris zurückgerufen worden, im Begriff stand, in Bezug auf frühere Vorgänge zu plaudern, ergriff der Philosoph Reißaus und zog seinen schönen Kopf aus dem häßlichen Bereich des Richtbeils.

Oxford, der Träge und Gutmüthige, besaß mehr Muth und erwartete den Sturm zu Hause. Er und Mat Prior bekamen Beide Herberge im Tower angewiesen, aber Beide brachten ihre Köpfe unversehrt wieder aus dieser gefährlichen Menagerie heraus.

Als Atterbury einige Jahre später in dieselbe Höhle gebracht ward und man fragte, was weiter

mit ihm geschehen solle, sagte Cadogan, Marlborough's Lieutenant:

„Was mit ihm geschehen soll? Werft ihn dem
Löwen vor."

Dem britischen Löwen jener Zeit lag jedoch
nicht viel daran, das Blut friedlicher Pairs und
Poeten zu trinken, oder die Knochen von Bischöfen
zu zermalmen. Nur vier Personen wurden wegen
der Rebellion von 1715 in London hingerichtet und
zweiundzwanzig in Lancashire. Ueber tausend, welche
mit den Waffen in der Hand festgenommen worden,
unterwarfen sich der Gnade des Königs und baten,
nach den königlichen Kolonieen in Amerika trans-
portirt zu werden.

Ich habe gehört, daß die Nachkommen dieser
Leute sich bei den Streitigkeiten, welche sechzig Jahre
später entstanden, auf die Seite der Loyalisten stell-
ten. Es ist angenehm, zu finden, daß ein Freund
von uns, der würdige Dick Steele, sich dafür erklärte,
daß den Rebellen das Leben geschenkt würde.

Zehntes Kapitel.

Wie amüsant ist es, zu bedenken, wie Alles hätte kommen können! Wir wissen, wie die unglücklichen schottischen Edelleute auf Lord Mar's Ruf ausrückten, die weiße Kokarde, welche seit jener Zeit stets eine Blüthe melancholischer Poesie gewesen, aufsteckten und sich um die verhängnißvolle Stuart-Fahne bei Braemar sammelten. Mar, mit 8000 Mann, während ihm nur 1500 gegenüberstanden, hätte den Feind über den Tweed werfen und ganz Schottland besetzen können, aber der Heerführer des Prätendenten wagte nicht vorzurücken, obschon er den Sieg gewonnen.

Das Schloß von Edinburg wäre in König Jacob's Hände gefallen, wenn nicht die Leute, die es erstürmen sollten, im Wirthshause die Zeit versäumt hätten, um seine Gesundheit zu trinken, so daß sie zwei Stunden zu spät auf dem Sammelplatze unter den Mauern des Schlosses eintrafen.

Sympathie war in der Stadt genug vorhanden — der beabsichtigte Angriff scheint dort bekannt gewesen zu sein — Lord Mahon citirt Sinclair's Bericht eines nicht betheiligten Gentleman, der Sinclair erzählte, er sei an diesem Abend in einem Hause gewesen, wo achtzehn Mann getrunken hätten, um, wie die witzige Wirthin sagte, zu dem Angriff auf das Schloß sich „das Haar zu pudern."

Gesetzt, sie hätten nicht so lange Zeit gebraucht, um sich das Haar zu pudern? Dann wäre das Schloß von Edinburg, die Stadt und ganz Schottland in König Jacob's Gewalt gewesen. Der Norden von England erhebt sich und marschirt über die Barnet-Halde auf London; Wyndham steht in Somersetshire, Packington in Worcestershire und Vivian in Cornwall. Der Kurfürst von Hannover und seine häßlichen Maitressen packen in London das Geschirr und vielleicht die Kronjuwelen zusammen und fliehen via Harwich und Helvoetsluys zurück nach dem lieben alten Deutschland.

Der König — Gott segne ihn — landet in

Dover unter tobendem Beifallsgeschrei, die Kanonen donnern, der Herzog von Marlborough weint Freudenthränen und sämmtliche Bischöfe knieen im Schlamme. Nach wenigen Jahren wird in der St. Paulskirche Messe gelesen, im Münster von York Metten und Vesper gesungen und Doctor Swift wird aus seinem Diakonat zu St. Patrick heraus geworfen, um dem Pater Dominic von Salamanca Platz zu machen.

Alle diese Veränderungen waren damals möglich und etwa dreißig Jahre später hätten wir alles Dies haben können, ohne pulveris exigui jactu, jenes kleine Einstreuen von Haarpuder, wodurch die schottischen Verschwörer in dem Wirthshause aufgehalten wurden.

Man versteht den Unterschied, daß ich zwar Geschichte — für deren Erforscher ich mich durchaus nicht ausgeben will — und Leben und Sitten mache, so wie sie in diesen Skizzen geschildert werden.

Die Rebellion bricht im Norden aus. Die Geschichte liegt vor uns in hundert Bänden, in keinem aber unparteiischer, als in der vortrefflichen Erzählung des Lord Mahon. Die Clans in Schottland haben sich erhoben. Derwentwater, Mithisdale und Forster stehen gerüstet in Northumberland. Dies sind historische Thatsachen, in Bezug auf welche ich auf die Chroniken verweise. Die Garde muß die Straßen bewachen und die Einwohner verhindern, weiße Rosen zu tragen. Ich lese von ein paar Soldaten, die beinahe zu Tode gepeitscht wurden, weil sie am 29. Mai Eichenreiser auf den Hüten getragen, was abermals ein Zeichen zu Ehren der geliebten Stuarts war.

Hiermit haben wir es zu thun und nicht mit den Märschen und Schlachten der Armeen, welchen die armen Teufel angehörten — mit Staatsmännern und wie sie aussahen und wie sie lebten, aber nicht mit politischen Maßregeln, welche Sache der Geschichte sind.

Zum Beispiel gegen das Ende der Regierung der alten Königin verläßt der Herzog von Marlborough das Königreich — nach was für Drohungen, nach was für Bitten, Lügen, dargebotenen, angenommenen oder verweigerten Bestechungen, nach was für Kreuz- und Winkelzügen, das mag die Geschichte sagen, wenn sie kann oder darf.

Die Königin ist todt, und wer wäre begieriger, zurückzukehren, als der Herzog? Wer ruft: „Gott

segne den König!", lauter und begeisterter, als der
große Sieger von Blenheim und Malplaquet?
   (Beiläufig gesagt, wird er immer noch einiges
Geld für den Prätendenten nach Frankreich hinüber-
schicken, aber nur ganz verstohlen.)

Wer legt die Hand an sein blaues Band und
schlägt die Augen anmuthiger gen Himmel empor,
als dieser Held?

Er hält einen quasi-Triumpheinzug in London
durch Temple Bar in seiner ungeheuern, vergoldeten
Kutsche — und die ungeheure vergoldete Kutsche
bricht in der Nähe von Chancery-Lane zusammen
und Se. Hoheit muß eine andere besteigen. Hier
sehen wir ihn. Wir befinden uns mitten unter dem
großen Haufen, nicht bei den vornehmen Leuten,
welche die Procession bilden. Wir sind nicht die
Muse der Geschichte, sondern blos die Zofe, die
Plaudertasche — der Kammerdiener, vor dessen
Augen Niemand ein Held ist, und während jener
aus seinem Wagen in das zunächst zur Hand befindliche Fuhrwerk steigt, sehen wir die Nummer der
Droschke, wir betrachten seine Sterne, Ordensbänder
und Stickerei und wir denken bei uns selbst: O Du
unergründlicher Intriguant! O Du unüberwindlicher

Krieger! O Du schöner lächelnder Judas! Welchen Herrn würdest Du nicht küssen oder verrathen! Welcher auf den eisernen Spießen jenes Thores steckende verwitternde Verrätherkopf brütete je auch nur den zehnten Theil des Verrathes aus, welcher unter Deiner Perrücke thätig gewesen ist!

Eilftes Kapitel.

Wir haben nun unsere George in die Stadt London gebracht, und wenn wir den Anblick derselben genießen wollen, so können wir sie in Hogarth's lebensvoller Abbildung von Cheapside sehen, oder davon in hundert Büchern jener Zeit lesen, welche die Sitten jenes Zeitalters schildern.

Unser lieber alter Spectator betrachtet lächelnd die Straßen mit ihren unzähligen Aushängeschildern und beschreibt sie mit seinem liebenswürdigen Humor.

„Unsere Straßen sind angefüllt mit blauen Ebern, schwarzen Schwänen und rothen Löwen, abgesehen von fliegenden oder gepanzerten Schweinen mit anderen Kreaturen, die außerordentlicher sind, als irgend welche in den Wüsteneien Afrika's."

Einige dieser seltsamen alten Figuren sind noch

jetzt in der Stadt London vorhanden. Man sieht noch jetzt über dem alten Hotel in Ludgate Hill die Belle Sauvage, auf welche der Spectator in jener Nummer so scherzhaft anspielt, und die wahrscheinlich keine andere war, als die reizende Amerikanerin Pocahontas, die den kühnen Capitain Smith vom Tode errettete.

Wir sehen den Löwenkopf, in dessen Rachen die für den Spectator selbst bestimmten Briefe geworfen wurden, und über der Thür eines großen Bankiers in Fleetstreet das Ebenbild des Felleisens, welches der Gründer der Firma trug, als er vom Dorfe herein nach London kam.

Man bevölkere diese so geschmückten Straßen mit Schaaren von schwankenden Sänftenträgern, mit Dienern, welche laut schreiend für ihre Herren Platz machen, mit dem Decan in seinem Priesterrock, während sein Lakai vor ihm hermarschirt, oder Mistreß Dinah, die nach der Kapelle trippelt, während ihr Bursche das große Gebetbuch trägt; mit hausirenden Handelsleuten, die ihre hundert verschiedenen Rufe gröhlen (ich entsinne mich, vor vierzig Jahren als Knabe in der City von London eine Menge dergleichen vertraute Rufe gehört zu haben, welche jetzt verstummt sind).

Man denke sich die Stutzer, die sich nach den Chocoladenhäusern drängen, beim Austritt aus demselben auf ihre Tabaksdosen pochen und mit ihren Perrücken über den rothen Vorhängen zum Vorschein kommen.

Man denke sich Sacchariffa, aus den obern Fenstern winkend und lächelnd, und eine Menge Soldaten, die an der Thür sich geräuschvoll durcheinander treiben — Herren der Leibgarde, in Scharlach gekleidet, mit blauen Aufschlägen und goldbetreßten Räthen, Gentlemen der berittenen Grenadiere in ihren Mützen von himmelblauem Tuch, mit dem in Gold und Silber darauf gestickten Hosenband, Hellebardierer in ihren langen rothen Röcken, wie zur Zeit Heinrichs des Achten mit breiten Manschetten und niedrigen Sammetmützen. Vielleicht kommt die Majestät des Königs selbst vorüber nach St. James. Wenn er in's Parlament fährt, so geschieht es in seiner achtspännigen Kutsche, umgeben von seiner Garde und den hohen Kronbeamten.

Außerdem bedient Se. Majestät sich blos einer Sänfte, welcher sechs Lakaien voranschreiten, während sechs Trabanten zu beiden Seiten daneben hermarschiren. Die diensthabenden Offiziere und Beamten folgen dem König in Kutschen. Er muß ziemlich langsam gehen.

Unser Spectator und Tatler gewähren eine Menge ergötzliche Einblicke in das Stadtleben jener Zeit. An der Hand dieser liebenswürdigen Führer gehen wir in die Oper, in die Komödie, in das Puppenspiel, in die Auction, ja selbst in die Hahnengrube. Wir können an der Temple-Treppe ein Boot nehmen und Sir Roger de Coverley und Mr. Spectator nach Spring Garden begleiten, welches einige Jahre später Vauxhall genannt wird und wofür Hogarth malt.

Wer hätte nicht Lust, einen Schritt in die Vergangenheit zurückzuthun und sich Mr. Addison vorstellen zu lassen? — nicht dem sehr ehrenwerthen Joseph Addison, Esqu.; dem Staatssecretair Georg's des Ersten — sondern dem köstlichen Schilderer der Sitten seiner Zeitgenossen, dem Manne, der, wenn er selbst auf guter Laune war, für den angenehmsten Gesellschafter in ganz England galt?

Ich möchte mit ihm zu Lockits gehen und eine Bowle mit Sir R. Steele trinken, der soeben von König Georg zum Ritter geschlagen worden und zufällig kein Geld hat, um seinen Antheil an der Zeche zu bezahlen.

Mr. Addison in sein Bureau nach Whitehall zu folgen — daran läge mir nichts. Hier gerathen wir in die Politik. Unser Geschäft ist Vergnügen und die Stadt und das Kaffeehaus und das Theater und die Mall.

Herrlicher Spectator! Gütiger Freund unserer Mußestunden! Glücklicher Gesellschafter, ächter christlicher Gentleman! Wie viel größer und besser bist Du als der König, vor welchem der Secretair kniet.

Wir können auch hören, wie Ausländer sich über das alte London äußern. Hören wir, was mein schon oben genannter Freund Karl Ludwig Baron von Pöllniß, darüber sagt:

„Ein Mann von Verstand," sagt er, „oder ein feiner Herr braucht in London um Gesellschaft nie verlegen zu sein. Er verbringt seine Zeit auf folgende Weise. Er steht spät auf, zieht seinen Rock an, läßt den Degen zu Hause, nimmt seinen Stock und geht wohin ihm beliebt. Der Park ist gewöhnlich der Platz, wohin er seine Schritte richtet, denn hier ist die Börse für Leute von Rang und Stand. Es ist ganz dasselbe wie mit den Tuilerien in Paris, nur hat der Park eine gewisse einfache Schönheit, welche sich nicht beschreiben läßt. Die Hauptpromenade heißt die Mall. Sie ist zu jeder Stunde des Tages besucht, besonders aber des Morgens und Abends, wo Ihre Majestäten oft mit der königlichen Familie lustwandeln, die dann nur von einem halben Dutzend Trabanten begleitet sind und allen Leuten gestatten, gleichzeitig mit ihnen spazieren zu gehen.

„Die Damen und Herren erscheinen stets in reichen, kostbaren Anzügen, denn die Engländer, welche vor zwanzig Jahren nur beim Militair goldene Tressen trugen, sind jetzt eben so mit solchen und mit Stickerei überladen wie die Franzosen. Ich spreche hier von vornehmen Leuten, denn der Bürger begnügt sich auch jetzt noch mit einem Anzug von feinem Tuch, einem guten Hut, einer guten Perrücke und feiner Wäsche.

„Jedermann ist hier gut gekleidet und selbst die Bettler sehen nicht so zerlumpt aus wie anderwärts."

Nachdem unser Freund, der Mann von Stand, seinen Morgenspaziergang in der Mall gemacht, geht er wieder nach Hause, um sich vollständig anzukleiden und schlendert dann nach einem Kaffee- oder

Chocoladenhause, welches von Personen besucht wird, die er zu sprechen wünscht.

„Denn," heißt es bei Pöllnitz weiter, „es ist bei den Engländern Regel, Häuser dieser Art wenigstens einmal täglich zu besuchen, wo sie von Geschäften und Neuigkeiten sprechen, die Zeitungen lesen und oft einander ansehen, ohne den Mund aufzuthun.

„Es ist auch sehr gut, daß sie so stumm sind, denn wären sie Alle so redselig, wie andere Nationen, so wären die Kaffeehäuser unerträglich, und man würde in Gegenwart so Vieler nicht hören, was der Eine oder der Andere spricht. Das Chocoladenhaus in St. James-Street, wohin ich jeden Morgen gehe, um die Zeit hinzubringen, ist stets so voll, daß man sich darin kaum umdrehen kann."

Zwölftes Kapitel.

So angenehm aber die Stadt London auch war, so brachte doch König Georg der Erste so wenig Zeit als möglich darin zu und hielt sich, wenn er auch da war, stets in Gesellschaft seiner Deutschen.

Es war mit ihnen, wie mit Blücher hundert Jahre später, als der kühne alte Reitersmann von der St. Pauls-Kirche herabschauete und seufzte: „Da gäbe es Etwas zu plündern!"

Die deutschen Weiber plünderten, die deutschen Secretaire plünderten; die deutschen Köche und Intendanten plünderten, selbst Mustapha und Mahomet, die deutschen Neger, bekamen einen Antheil an der Beute.

„Nehmt was Ihr kriegen könnt," war die Maxime des alten Monarchen.

Er war allerdings kein großer, stolzer Monarch, er war kein Gönner der schönen Künste, aber er war auch kein Heuchler, er war nicht rachsüchtig, er war nicht verschwenderisch. Obschon in Hannover Despot, war er doch in England ein gemäßigter Herrscher. Sein Zweck war, es sich so viel als möglich selbst zu überlassen, und so oft als möglich außerhalb desselben zu leben. Sein Herz war in Hannover.

Als er auf seiner letzten Reise krank ward, steckte er, als er durch Holland fuhr, sein bleiches Antlitz zum Wagenfenster heraus und keuchte: „Osnabrück! Osnabrück!"

Er war schon über fünfzig Jahr alt, als er zu uns kam; wir nahmen ihn, weil wir ihn brauchten, weil er in unsern Kram paßte. Wir lachten über sein ungeschlachtes deutsches Wesen und verhöhnten ihn. —

Er nahm unsere Loyalität für Das, was sie werth war, steckte so viel Geld ein als er konnte, und bewahrte uns wenigstens vor Papisterei und Holzschuhen.

Ich für meine Person wäre zu jener Zeit auf

seiner Seite gewesen. So cynisch und egoistisch er auch war, so war er doch jedenfalls besser als ein König von St. Germain mit den Instructionen des französischen Königs in der Tasche und einem Schwarm Jesuiten im Gefolge.

Man glaubt, die Schicksalsgöttinnen interessirten sich für königliche Personen ganz besonders, und so gab es auch im Bezug auf Georg den Ersten allerlei Vorbedeutungen und Prophezeihungen.

Ganz besonders beunruhigte ihn, wie man sagte, die Prophezeiung, daß er sehr bald nach seiner Gemahlin sterben würde, und in der That, kaum hatte der bleiche Tod die unglückliche Fürstin in ihrem Schlosse Ahlden hinweggerafft, so warf er sich auf Seine Majestät den König Georg den Ersten in seinem Reisewagen auf der Straße von Hannover.

Welcher Postillon wäre auch im Stande, es diesem bleichen Reiter zuvorzuthun?

Man erzählt, Georg habe einer seiner Wittwen linker Hand versprochen, ihr nach ihrem Tode wieder zu erscheinen, wenn es ihm vergönnt wäre, den Schimmer des Mondes wieder zu besuchen, und als bald nach seinem Hintritt wirklich ein großer Rabe zu dem Fenster der Herzogin von Kendal in Twickenham

hineingeflogen kam, bildete sie sich ein, der Geist des
Königs wohne in diesem Gefieder und trug für
ihren schwarzen Gast ganz besondere Sorge.

Rührende Seelenwanderung — königlicher Lei-
chenvogel — wie ergreifend ist der Gedanke, daß die
Herzogin über ihm weinte!

Als diese keusche Vermehrung unserer englischen
Aristokratie starb, wurden ihre sämmtlichen Juwelen,
ihr Geschirr, ihre ganze Beute hinüber geschafft nach
Hannover zu ihren Verwandten.

Ich möchte wissen, ob ihre Erben auch den
Vogel übernahmen, und ob derselbe noch über Herrenhausen herumflattert.

Die Tage jener seltsamen Religion der Königs-
anbetung sind vorüber in England — jene Tage,
wo Priester im Tempel Gottes dem Fürsten schmeichel-
ten; wo Kriecherei für eine veredelnde Pflicht galt
— wo Schönheit und Jugend sich eifrig um königliche Gunst bewarben — und wo weibliche Schmach
für keine Unehre galt. Eine bessere Moral und bessere Sitten am Hofe und unter dem Volke gehören
zu den unschätzbaren Folgen der Freiheit, welche
Georg der Erste zu retten und zu sichern kam.

Er hielt seinen Vertrag mit seinen englischen

Unterthanen, und wenn er eben so wenig als andere Menschen und Monarchen frei war von den Lastern seines Zeitalters, so müssen wir ihm wenigstens dankbar sein, daß er die Freiheiten des unsrigen bewahrte und überlieferte.

In unserer freien Luft ist der häusliche Heerd des Königs eben so geläutert worden wie der des Volkes, und die Wahrheit, bei uns das Geburtsrecht der Hohen wie der Niederen, welche furchtlos selbst über die Vornehmsten unter uns zu Gericht sitzt, kann von ihnen jetzt blos mit Worten der Achtung und des Lobes sprechen.

Es finden sich Flecken in dem Bildniß des ersten Georg, und es hat Züge, welche Niemand von uns zu bewundern braucht; unter den edleren Zügen aber sehen wir Gerechtigkeit, Muth und Mäßigung, und diese dürfen wir schon anerkennen, ehe wir das Bild nach der Wand herumdrehen.

Georg der Zweite.

Erstes Kapitel.

Am Nachmittage des 14. Juni 1727 hätte man zwei Reiter die Straße von Chelsea nach Richmond entlang galoppiren sehen können. Der vorderste, in den großen Reiterstiefeln der damaligen Zeit, war ein sehr korpulenter Cavalier mit breitem, rundem, jovialem Gesicht und an der Art und Weise, wie er sein Pferd antrieb, konnte man sehen, daß er nicht blos ein kühner, sondern auch ein gewandter Reiter war.

In der That war auch Niemand ein größerer Freund ritterlicher Leibesübungen, und auf den Jagdrevieren von Norfolk ritt kein Landjunker kühner hinter dem Fuchse her und ließ einen fröhlicheren Jagdruf erschallen, als der Mann, welcher jetzt die nach Richmond führende Straße entlang donnerte.

Es dauerte nicht lange, so erreichte er Richmond Lodge und verlangte den Besitzer dieses Hauses zu sprechen. Die Herrin des Hauses und ihre Damen, bei welchen unser Freund vorgelassen ward, sagten, er könne jetzt nicht mit dem Herrn sprechen, wie dringend sein Anliegen auch sein möge.

Der Herr hielt nämlich sein Mittagsschläfchen; er that dies alle Tage, und wehe Dem, der ihn darin störte!

Nichtsdestoweniger schob unser stämmiger Freund in den großen Stiefeln die erschrockenen Damen auf die Seite, öffnete die verbotene Thür des Schlafzimmers, in welchem ein kleiner Herr auf dem Bett lag, und hier kniete der eifrige Bote in seinen Reiterstiefeln nieder.

Der auf dem Bett Liegende fuhr in die Höhe und fragte unter vielen Flüchen und in starkem deutschen Accent, wer da sei und es wage, ihn zu stören?

„Ich bin Sir Robert Walpole," sagte der Bote.

Der erwachte Schläfer haßte Sir Robert Walpole. —

„Ich habe die Ehre," fuhr dieser fort, „Eurer Majestät zu melden, daß Ihr königlicher Vater, König

Georg der Erste am vergangenen Sonnabend, dem 10. dieses, in Osnabrück gestorben ist."

„Das ist eine verdammte Lüge!" schrie Seine geheiligte Majestät König Georg der Zweite. Sir Robert Walpole begründete aber die Thatsache, und von diesem Tage an bis dreiunddreißig Jahre später herrschte Georg, der Zweite dieses Namens, über England.

Wie der König das Testament seines Vaters dem erstaunten Erzbischof von Canterbury, vor der Nase verschwinden ließ, wie er ein cholerischer kleiner Monarch war; wie er den Höflingen seines Vaters mit der Faust drohete; wie er in der Wuth seinen Hut und seine Perrücke mit dem Fuße umherschleuderte und Alle, mit denen er in Zwistigkeiten kam, Spitzbuben, Lügner und Schurken nannte — das steht in allen Geschichtsbüchern, eben so wie er schnell und schlau sich mit dem kühnen Minister aussöhnte, den er während seines Vaters Lebzeiten gehaßt und der ihm nun fünfzehn Jahre seines eigenen lang mit bewundernswürdiger Klugheit, Treue und gutem Erfolg diente.

Wäre Sir Robert Walpole nicht gewesen, so hätten wir den Prätendenten zurückbekommen. Ohne seine hartnäckige Liebe zum Frieden, hätten wir Kriege gehabt, welche auszuhalten die Nation weder stark noch einig genug war.

Ohne seine entschlossenen Rathschläge und seinen gutgelaunten Widerstand hätten deutsche Despoten vielleicht versucht, ein hannoversches Regierungssystem bei uns einzuführen. Wir hätten Empörung, Aufruhr, Mangel und tyrannische Mißherrschaft gehabt, anstatt ein Vierteljahrhundert des Friedens, der Freiheit und materiellen Gedeihens, so wie das Land noch niemals genossen, bis jener Verführer des Parlaments, jener ausschweifende, betrunkene Cyniker, jener muthige Freund des Friedens und der Freiheit, jener große Patriot, Bürger und Staatsmann es regierte.

In Bezug auf Religion war er wenig besser als ein Heide. Er riß unsaubere Witze über Schwarzröcke und Federfuchser und lachte über Hoch- und Niederkirche.

Im Privatleben schwelgte der alte Ungläubige in den gemeinsten Vergnügungen; er verbrachte seine Sonntage bei der Flasche in Richmond und seine freie Zeit mit dem lauten Getöse oder in Houghton mit gemeinem Volke bei Rindfleisch und Punsch.

Um die Wissenschaften kümmerte er sich eben so wenig, als sein Herr. Er beurtheilte die menschliche Natur so niedrig, daß man sich schämt, gestehen zu müssen, daß er Recht hatte, und daß die Menschen auf so gemeine Weise sich bestechen ließen.

Mit seinem feilen Miethlings-Unterhause vertheidigte er aber unsere Freiheit, und durch seinen Unglauben hielt er das Pfaffenregiment nieder. Es gab damals in Oxford Geistliche, die eben so listig und gefährlich waren wie irgend ein Priester außerhalb Roms, und er schlug Beide in die Flucht.

Er gab den Engländern keine Eroberungen, aber er gab ihnen Frieden und Ruhe und Freiheit; die dreiprocentigen Staatspapiere stiegen beinahe auf pari und der Weizen kostete fünf- bis sechsundzwanzig Schilling der Quarter.

Zweites Kapitel.

Es war ein Glück für uns, daß unsere ersten George nicht Männer von großem Geiste waren; ein ganz besonderes Glück aber war es, daß sie Hannover so sehr liebten, daß sie England seinen eigenen Weg gehen ließen.

Unsere größten Leiden begannen, als wir einen König bekamen, der auf den Namen eines Briten stolz war und, weil er in dem Lande geboren, sich vornahm, es zu beherrschen.

Er taugte aber zur Regierung Englands eben so wenig, als sein Großvater und Urgroßvater, die es nicht versuchten.

England hatte während dieser Zeit sich auf den richtigen Weg gefunden.

Der gefährliche alte Geist der Cavalierloyalität

starb allmählig aus, die stolze alte englische Hochkirche ward leer; die Fragen, welche auf einer und der andern Seite — der Seite der Loyalität, Prärogative, Kirche und des Königs und der Seite des Rechts, der Wahrheit, der bürgerlichen und religiösen Freiheit — ganze Generationen wackerer Männer gegen einander geführt hatten, verstummten allmählig.

Als Georg der Dritte auf den Thron gelangte, hatte der Kampf zwischen Loyalität und Freiheit sein Ende erreicht, und Charles Edward ging alt, betrunken und kinderlos in Italien dem Tode entgegen.

Wer sich für die Geschichte der europäischen Höfe im vorigen Jahrhundert interessirt, kennt die Memoiren der Markgräfin von Baireuth und weiß, was für ein Hof der von Berlin war, wo die Cousins Georg's des Zweiten herrschten.

Friedrichs des Großen Vater prügelte seine Söhne, seine Töchter, seine Minister; er ließ in ganz Europa lange, starke junge Männer stehlen, um Grenadiere aus ihnen zu machen; seine Gelage, seine Paraden, seine Trinkgesellschaften, sein Tabakscollegium — alles Dies ist hundertfältig beschrieben. Jonathan Wild, der Große in Sprache, Vergnügungen und Benehmen, ist kaum delicater als dieser deutsche Monarch.

Ludwig der Fünfzehnte, sein Leben, seine Regierung und sein Thun und Treiben sind in tausend französischen Memoiren geschildert.

Unser Georg der Zweite war wenigstens kein schlechterer König als seine Nachbarn. Er nahm die königliche Befreiung vom Rechtthun, welche andere Souveraine sich anmaßten, auch für sich in Anspruch.

Uns in England erscheint er als ein kleiner langweiliger Mensch von niedrigen Geschmacksrichtungen, dennoch aber erzählt uns Hervey, dieser cholerische Prinz sei sehr sentimental gewesen, und seine Briefe — deren er ungeheure Quantitäten schrieb — hätten eine gefährliche, bestrickende Macht ausgeübt.

Mit uns Engländern suchte er sich niemals auf vertraulichen Fuß zu stellen. Man hat ihn des Geizes beschuldigt, dennoch aber gab er nicht viel Geld weg und hinterließ auch nicht viel.

Die schönen Künste liebte er nicht, aber er that auch nicht, als ob er sie liebte. Im Bezug auf die Religion war er eben so wenig ein Heuchler, als sein Vater. Er beurtheilte die Menschen nach einem niedrigen Maßsta; behatte er aber bei der Umgebung, in welcher er sich befand, wohl Unrecht, wenn er sie so beurtheilte? Er entdeckte Lügen und Schmeicheleien sofort, und Lügner und Schmeichler waren nothgedrungen seine Gesellschafter. Hätte er sich mehr hintergehen lassen, so wäre er vielleicht liebenswürdiger gewesen. Eine traurige Erfahrung machte ihn cynisch.

Es war kein Glück für ihn, Scharfblick zu besitzen und nur Selbstsucht und Schmeichelei um sich herum zu sehen. Was konnte Walpole ihm im Bezug auf seine Lords und Gemeinen Anderes sagen, als daß sie alle käuflich waren? Brachten seine Geistlichkeit, seine Höflinge ihm nicht dieselbe Geschichte?

Da er mit Männern wie mit Frauen nach seiner rauhen skeptischen Weise umgeht, so zweifelt er endlich an Ehre, männlicher sowohl als weiblicher, an Patriotismus, an Religion.

„Er ist unbändig, aber er kämpft wie ein Mann," sagte Georg der Erste, der Schweigsame, von seinem Sohn und Nachfolger.

Muth besaß Georg der Zweite auch ganz bestimmt. Der Kurprinz hatte an der Spitze des Contingents seines Vaters sich unter Eugen und Marlborough als ein guter und tapferer Soldat bewiesen.

Bei Oudenarde zeichnete er sich ganz besonders aus. Bei Malplaquet erwarb sich der andere Prätendent auf den englischen Thron nur wenig Ehre. Ueberhaupt ward Jacob's Muth von jeher in Zweifel gezogen. Weder damals in Flandern, noch später in seinem eigenen alten Königreich Schottland, zeigte der unglückliche Prätendent viel Entschlossenheit.

Der gewandte kleine Georg dagegen besaß unbestrittene Ausdauer und Zähigkeit und schlug sich wie ein Trojaner. Er forderte seinen Cousin von Preußen auf Degen und Pistolen, und ich wünschte, im Interesse der Romanschreiber, daß dieses famose Duell zu Stande gekommen wäre.

Diese beiden Monarchen haßten einander aus Leibeskräften; die Secundanten waren gewählt, der Platz zum Zweikampf ausersehen und das Duell selbst ward nur durch die eindringlichen Vorstellungen verhindert, mit welchen man die beiden Gegner auf das europäische Gelächter aufmerksam machte, welches durch einen solchen Vorgang herbeigerufen worden wäre. —

So oft wir von dem kleinen Georg im Kriege hören, können wir sicher darauf rechnen, daß er sich hielt wie ein tapferer Kämpe. Bei Dettingen ging das Pferd mit ihm durch und ward nur mit Mühe abgehalten, ihn in die Reihen des Feindes hineinzutragen. Der König stieg von dem wilden Thier herunter, sagte tapfer: „Deßwegen werde ich noch nicht davonlaufen," stellte sich an die Spitze seiner Infanterie, zog den Degen, schwang ihn gegen die ganze französische Armee und feuerte in schlechtem Englisch, aber mit dem größten Muthe und Eifer seine Leute zum Kampfe an.

Im Jahre 1745, als der Prätendent in Derby war und viele Leute bleich zu werden begannen, verlor der König keinen Augenblick lang den Muth.

„Ach, macht mir doch kein dummes Zeug vor!" sagte er, und ließ sich in seinem Gleichmuth ebensowenig stören als in seinen Geschäften, seinen Vergnügungen oder seinen Reisen.

Bei öffentlichen Festen erschien er stets in dem Hut und Rock, den er an dem berühmten Tage von Oudenarde getragen und die Leute lachten, aber gutmüthig, über das seltsame alte Kleid; denn Muth und Tapferkeit kommen nicht aus der Mode.

Im Privatleben erwies der Prinz sich als ein würdiger Nachkomme seines Vaters. Es ist in dieser Beziehung über die Sitten des ersten Georg so viel gesagt worden, daß wir in eine Schilderung des deutschen Harems seines Sohnes nicht weiter einzugehen brauchen.

Im Jahre 1705 heirathete er eine Prinzessin, die sich durch Schönheit, Geist, gute Bildung und gutes Gemüth auszeichnete — eine der treuesten und zärtlichsten Gattinnen, durch welche ein Fürst jemals beglückt worden, und die ihn liebte und ihm treu war, und auch er liebte sie, nach seiner rauhen Weise, bis zum letzten Augenblick.

Es muß zu Ehren Karolinens von Anspach erwähnt werden, daß zu einer Zeit, wo die deutschen Fürsten ohne Bedenken ihre Religion eben so leicht wechselten, wie ein anderer Mensch seine Mütze, sie sich weigerte, den Protestantismus gegen einen andern Glauben zu vertauschen, obschon ein Erzherzog, der später Kaiser ward, sich ihr als Bräutigam antragen ließ.

Ihre protestantischen Verwandten in Berlin waren zornig über ihren rebellischen Sinn. Sie waren es, die sie zu bekehren versuchten — es ist drollig, wenn man bedenkt, daß Friedrich der Große, der gar keine Religion hatte, eine lange Zeit in England als der Held des Protestantismus bekannt war — und diese guten Protestanten beauftragten einen gewissen Pater Urban, einen sehr gewandten Jesuiten und berühmten Seelenfänger, bei Karolinen sein Heil zu versuchen. Sie schlug aber den Jesuiten in die Flucht, weigerte sich, Karl dem Sechsten ihre Hand zu reichen und heirathete den kleinen Kurprinzen von Hannover, dem sie mit Liebe, Aufopferung, Herzensgüte, zärtlicher Schmeichelei und vollständiger Selbstverleugnung treu ergeben war bis an ihr Lebensende.

———

Drittes Kapitel.

Als Georg der Erste seinen ersten Besuch in Hannover machte, ward sein Sohn auf die Dauer seiner Abwesenheit zum Regenten ernannt. Diese Ehre ward dem Prinzen von Wales aber nie wieder zu Theil, denn unmittelbar darauf veruneinigte er sich mit seinem Vater.

Bei Gelegenheit der Taufe seines zweiten Sohnes fand ein königlicher Zwist statt, und der Prinz drohete dem Herzog von Newcastle mit der Faust, nannte ihn einen Schurken und bot seinem königlichen Vater Trotz.

Er mußte nun sofort mit seiner Gattin den Palast von St. James verlassen, und auf Befehl des königlichen Hauptes der Familie wurden ihnen auch ihre Kinder weggenommen.

Vater und Mutter weinten bitterlich, als sie sich von ihren Kleinen trennen mußten. Diese schickten ihnen mit vielen Grüßen einige Kirschen, und die Eltern benetzten die Früchte mit ihren Thränen.

Fünfunddreißig Jahre später, als Prinz Frederick — ihr ältester Sohn, ihr Erbe, ihr Feind — starb, hatten sie keine Thränen.

Der König nannte seine Schwiegertochter „cette diablesse madame la princesse." Die Höflinge, welche den Hof der letztern besuchten, durften nicht an dem des Königs erscheinen, und als seine königliche Hoheit nach Bath ging, folgten ihm die Höflinge dahin und erwiesen ihm in Somersetshire die Huldigung, welche in London verboten war.

Jener Ausdruck „cette diablesse madame la princesse" erklärt eine Ursache des Zornes ihres königlichen Schwiegervaters. Sie war eine sehr geistreiche Frau; sie besaß Witz und Humor, sie hatte eine furchtbar scharfe Zunge und machte den alten Sultan und seinen widerwärtigen Harem lächerlich. Sie schrieb an Mitglieder ihrer Familie Briefe über ihn, die keineswegs schmeichelhaft waren.

Auf diese Weise aus der königlichen Nähe verbannt, nahmen der Prinz und die Prinzessin ihren Wohnsitz in Leicester Fields, „wo," sagt Walpole, „die hoffnungsvollsten jungen Herren der nächsten Partei und die schönsten und witzigsten jungen Damen den neuen Hof bildeten."

Außer Leicester House hatten sie auch noch ihre Wohnung in Richmond, die von einem großen Theile der angenehmsten Gesellschaft jener Zeit besucht ward. Hier sah man die Herweys und Chesterfield's und den kleinen Mr. Pope Twickenham, und mit ihm zuweilen den listigen Dekan von St. Patrick und einen ganzen Schwarm junger Damen, deren hübsche Gesichter uns aus der Geschichte heraus anlächeln.

Hier sah man Lepell, berümt im Vortrage von Liedern, und die unartige reizende Mary Bellenden, welche von den schönen Komplimenten des Prinzen von Wales Nichts wissen wollte, sondern die Arme über der Brust kreuzte und seine königliche Hoheit bat, sich ihrer Wege zu scheren, während sie ihm zugleich seine Börse voll Guineen in's Gesicht warf und ihm sagte, sie sei es müde, ihn dieselben zählen zu sehen.

Er war kein erhabener Monarch, dieser Augustus,

Walpole erzählt, wie eines Abends beim königlichen Spieltische die muthwilligen Prinzessinnen der Lady Deloraine den Stuhl wegzogen und diese aus Rache dem König den seinigen wegzog, so daß seine Majestät auf den Teppich niederfiel.

In welcher Positur man auch diesen königlichen Georg sehen mag, so hat er etwas Komisches; selbst bei Dettingen, wo er so tapfer focht, spielt er eine abgeschmackte Figur, während er in seinem gebrochenen Englisch seine Leute anspornt, und mit seinem Degen herumfuchtelt wie ein Fechtmeister. In Carricaturen aus jener Zeit wird Georg's Sohn, „der Held von Culloden," ebenfalls zum Gegenstand ziemlich starker Späße gemacht.

Ich enthalte mich, noch mehr Citate aus Walpole in Bezug auf Georg anzuführen, denn diese anziehenden Bände sind in den Händen Aller, welche das Geklätsch des vergangenen Jahrhunderts lieben.

Nichts kann heiterer sein als Walpole's Briefe. Durch alle hindurch hört man die Geigen klingen — Kerzenlichter, schöne Kleider, gute Witze, schönes Geschirr, schöne Equipagen glitzern und funkeln hier; nie gab es einen glänzenderen, lustigeren Jahrmarkt als den, durch welchen er uns führt.

Hervey, die nächste Autorität, ist ein finsterer Geist. Er hat etwas Furchtbares. Vor einigen Jahren öffneten seine Erben den Deckel der Ickworth-Kiste. Es war, als ob uns ein Pompeji geöffnet würde. Das letzte Jahrhundert ward ausgegraben mit seinen Tempeln und seinen Spielen, seinen Wagen, seinen öffentlichen Plätzen. Als ich durch diese Stadt der Todten wanderte, jene furchtbar egoistische Zeit, durch diese ruchlosen Intriguen und Gelage, durch diese sich drängenden Massen — geschminkt, lügenhaft und schmeichelnd — wünschte ich einige Charaktere darunter zu finden, mit welchen ich mich befreunden könnte. Ich sagte zu einigen Bekannten, die in dieser Geschichte genau bewandert sind:

„Zeigt mir eine gute Person an diesem Hofe; macht mir unter diesen selbstsüchtigen Höflingen, diesen ausschweifenden, lustigen Leuten wenigstens e i n Wesen ausfindig, welches ich lieben und achten kann."

Wir sehen hier den herumstolzirenden kleinen Sultan, Georg den Zweiten; wir sehen den buckeligen Chesterfield mit den finsteren buschigen Augenbrauen; wir sehen John Hervey mit seinem tödtlichen Lächeln und seinem unheimlichen bemalten Gesicht — ich hasse diese Menschen.

Dort sehe ich Hoadly, der von einer Bischofswürde zur andern katzenbuckelt; da drüben kommt der kleine Mr. Pope von Twickenham mit seinem Freunde, dem irischen Decan in seinem neuen Priesterrocke, sich ebenfalls verbeugend, während die Wuth ihm unter den zottigen Brauen hervorleuchtet und Haß und Verachtung in seinem Lächeln zittern.

Kannst Du diese Personen lieben? Pope möchte ich lieben, wenigstens seinen Genius, seinen Witz, seine Größe, seine Empfindsamkeit — mit der gewissen Ueberzeugung, daß er bei einer eingebildeten Zurücksetzung oder verächtlichen Begegnung sich gegen mich herumdrehen und mich niederstechen würde.

Kannst Du der Königin trauen? Sie gehört nicht zu unserem Range — schon ihre Stellung macht Könige und Königinnen einsam. Eine einzige unergründliche Zuneigung besitzt diese unergründliche Frau. Dieser ist sie treu, trotz aller Anfechtung, Vernachlässigung, Qual und Zeit.

Mit Ausnahme ihres Gemahls kümmert sie sich in der That um kein geschaffenes Wesen. Gegen ihre Kinder ist sie ziemlich gut und zuweilen sogar zärtlich, aber dennoch würde sie dieselben in Stücke hacken, wenn sie wüßte, daß sie damit ihrem Gemahl einen Gefallen thäte.

In ihrem Umgange, mit ihrer ganzen Umgebung war sie sehr freundlich, wohlwollend und natürlich. Freunde aber können sterben, Töchter können fortziehen, und sie ist gegen die nächsten eben so wohlwollend und gnädig. Wenn der König sie verlangt, so lächelt sie ihm zu, auch wenn sie noch so traurig wäre, und lacht über seine rohen Späße, litte sie auch noch größere Schmerzen des Körpers und des Geistes.

Karolinens Hingebung für ihren Gemahl ist ein wahres Wunder, wenn man davon lies't. Welchen Reiz hatte der kleine Mann? Was stand in jenen wunderbaren dreißig Seiten langen Briefen, die er an sie schrieb, wenn er abwesend war, und an seine Maitressen in Hannover, wenn er mit seiner Gemahlin in London war? Warum nahm Karoline, die reizendste und gebildetste Prinzessin Deutschlands, einen kleinen rothbäckigen, großäugigen Prinzen zum Gemahl und schlug einen Kaiser aus? Warum liebte sie ihn so bis zu ihrem letzten Augenblicke?

Sie führte durch ihre Liebe zu ihm ihren eigenen

Tod herbei. Sie hatte die Gicht und badete die Füße in kaltem Waffer, um mit ihrem Gemahl spazieren gehen zu können.

Während schon der Nebel des Todes ihre Augen umschleierte und sie sich vor unerträglichen Schmerzen krümmte, hatte sie immer noch ein mattes Lächeln und ein sanftes Wort für ihren Herrn und Gemahl.

Meine Zuhörer haben wohl die wunderbare Geschichte jenes Sterbebettes gelesen, wie sie ihn aufforderte, wieder zu heirathen und der alte König stammelte: „Non, non; j'aurai des maîtresses."

Man kann sich keine unheimlichere Poffe denken. Ich wohne dem staunenerregenden Auftritte bei — ich stehe an jenem furchtbaren Bette, ich denke nach über die Art und Weise, auf welche Gott das Leben, die Liebe, den Lohn, den Erfolg, die Leidenschaften, das Handeln und das Ende seiner Geschöpfe gefügt hat — und ich kann nur lachen im Antlitz des Todes und mit dem traurigsten Herzen.

In jener oft citirten Stelle aus Lord Hervey's Memoiren, worin das Sterbebett der Königin geschildert wird, übersteigt das groteske Entsetzen der Einzelheiten alle Satyre; der furchtbare Humor des

Die vier George. I.

Vorganges ist schrecklicher als Swift's schwärzeste Seiten, oder Fieldings grimmigste Ironie.

Der Mann, der diese Geschichte schrieb, hat etwas Diabolisches; die furchtbaren Verse, welche Pope in Bezug auf Hervey in einer seiner Anwandlungen fast teuflischer Bosheit schrieb, sind, fürchte ich, wahr.

Ich erschrecke, während ich in die Vergangenheit zurückschaue und jenes unheimliche schöne Gesicht zu sehen glaube — wenn ich an die Königin denke, die sich auf ihrem Sterbebette krümmt und ausruft: „Bete — bete!" — an den königlichen Sünder neben ihr, der ihre todten Lippen mit wahnsinnigem Schmerze küßt und sie verläßt, um noch mehr zu sündigen — an den Schwarm von höfischen Geistlichen und den Erzbischof, dessen Gebet sie zurückweis't, und welche um des Anstandes willen genöthigt sind, den ängstlichen Nachfragen des Publikums auszuweichen und zu versichern, daß Ihre Majestät dieses Leben in gottseliger Gemüthsverfassung verlassen habe.

Welch' ein Leben! — welchen Zwecken gewidmet. Welche Eitelkeit der Eitelkeiten! Es ist ein Thema für eine andere Kanzel als die des Vorlesers.

Für eine Kanzel?" — Ich glaube, die Rolle, welche Kanzeln bei dem Tode der Könige spielen, ist die unheimlichste aller Cermonieen. Die lügenhaften Lobreden, das Durchschimmern unangenehmer Wahrheiten, die widerwärtigen Schmeicheleien, der erheuchelte Schmerz, die Falschheit und Kriecherei — Alles dies wird in unsern Staatskirchen im Namen des Himmels ausgesprochen. Diese ungeheuerlichen Thrönodien sind seit undenklichen Zeiten über Königen und Königinnen, guten, schlechten, lasterhaften und ausschweifenden gesungen worden. Der Staatspfaffe muß mit seinen Gemeinplätzen herausrücken; er muß seinen Apparat rhetorischer schwarzer Draperieen zur Schau stellen. Sei der König todt oder lebe er, der Geistliche muß ihm schmeicheln; er muß während er lebt ihn für fromm ausgeben, und wenn er todt ist, den Leichendienst bei „unserem höchst religiösen König" verrichten.

Ich lese, daß Lady Tharmouth — die Favoritin meines höchst religiösen und gnädigen Königs — eine Bischofswürde für fünftausend Pfund an einen Geistlichen verkaufte. Sie wettete mit ihm um fünftausend Pfund, daß er nicht zum Bischof ernannt werden würde, und er verlor und bezahlte die Wette.

War er der einzige Prälat seiner Zeit, der durch solche Hände zur Weihe geführt ward? Wenn ich einen Blick in den Palast von St. James zur Zeit Georgs des Zweiten werfe, so sehe ich Schaaren von Priesterröcken die Hintertreppen der Hofdamen hinaufraschelu, verstohlen werden ihnen Börsen in den Schooß geworfen, und der alte König gähnt unter seinem Baldachin in seiner königlichen Kapelle, während der Kaplan ihm vorpredigt.

Und wovon predigt er? Ueber Gerechtigkeit und Gericht. Während der Kaplan predigt, schwatzt der König in deutscher Sprache fast eben so laut als der Prediger, so laut, daß der Geistliche — es ist vielleicht ein gewisser Dr. Young, der, welcher die Nachtgedanken schrieb, und über den Glanz der Sterne, die Pracht des Himmels und die gänzliche Eitelkeit dieser Welt sprach — auf seiner Kanzel in Thränen ausbrach, weil der Vertheidiger des Glaubens und Vertheiler von Bischofswürden ihn nicht anhören wollte.

Kein Wunder, daß unter dieser Gleichgültigkeit und Corruption die Geistlichkeit ebenfalls gleichgültig und corrupt war; kein Wunder, daß die Skeptiker sich vermehrten und die Sitten ausarteten, so weit sie von dem Einflusse eines solchen Königs abhingen. Kein Wunder, daß Whitfield in der Wildniß seine Stimme erhob, daß Wesley den beschimpften Tempel verließ, um am Bergesabhange zu beten.

Ich betrachte diese Leute zu jener Zeit mit Verehrung. Wer bietet das erhabnere Schauspiel dar — der gute John Wesley umringt von seiner Gemeinde von Bergleuten an der Mündung des Schachtes, oder die Kaplane der Königin, welche im Vorzimmer unter dem Bilde der großen Venus ihre Morgengebete murmeln und durch die geöffnete Thür in das nächste Zimmer hineinschauen, wo die Königin Toilette macht, sich mit Lord Hervey über Scandalgeschichten unterhält oder spöttische Bemerkungen über Lady Suffolk macht, die mit dem Waschbecken neben ihr kniet?

Ich schaue mich furchtsam um unter dieser Gesellschaft, diesem König, diesen Höflingen, diesen Politikern, diesen Bischöfen — diesem frechen Laster, diesem ungeschminkten Leichtsinn.

Wo an diesem Hofe ist der ehrliche Mann? Wo ist das reine Gemüth, welches man lieben kann? Die Luft mit ihren krankhaften Wohlgerüchen ist wahrhaft erstickend.

Es giebt an unserem Hofe vom heutigen Tage noch einige althergebrachte Thorheiten und abgeschmackte Ceremonieen, worüber ich lache; aber wenn ich als Engländer ihn mit der Vergangenheit vergleiche, soll ich dann nicht die Veränderung von heute anerkennen?

Wenn die Herrin von St. James jetzt an mir vorüberfährt, so grüße ich die weiße, gemäßigte, exemplarische Monarchin, die gute Mutter, die gute Gattin, die hochgebildete Dame, die aufgeklärte Freundin der Kunst, die zärtliche Theilnehmerin an dem Ruhm und an den Leiden ihres Volkes.

Viertes Kapitel.

An dem ganzen Hofe Georgs und Karolinens finde ich weiter Niemanden als Lady Suffolk, mit welcher es angenehm zu sein scheint, ein wenig zu conversiren. Selbst der Weiberhasser Croker, der ihre Briefe herausgab, liebt sie und hat für sie jene Achtung, welche ihre sanfte Freundlichkeit fast allen Männern und auch einigen Frauen eingeflößt zu haben scheint, die in ihre Nähe kamen.

Ich habe viele kleine Züge notirt, welche die Reize ihres Charakters beweisen — (ich spreche überhaupt nicht blos von ihr, weil sie reizend, sondern auch weil sie charakteristisch ist).

Sie schreibt köstlich nüchterne Briefe. In einem derselben an Mr. Gay in Tunbridge — er war, wie man weiß, ein Dichter, mittellos, und in Ungnade gefallen — sagt sie:

„Der Ort, an welchem Sie leben, hat Ihnen den Kopf seltsam mit Aerzten und Kuren angefüllt, aber ich gebe Ihnen mein Wort, es ist schon manche schöne Dame dorthin gegangen, um den Brunnen zu trinken, ohne krank zu sein, und mancher Mann hat sich über den Verlust seines Herzens beklagt, der es in seinem Besitz hatte. Ich wünsche, daß Sie das Ihrige behalten, denn ein Freund ohne Herz würde mir nicht sehr gefallen und ich wünsche sehr, Sie zur Zahl der meinigen rechnen zu können."

Als Lord Peterborough siebzig Jahr alt war, schrieb dieser unbändige Jüngling einige flammende Liebes- oder vielmehr Galanteriebriefe an Mistreß Howard.

Es sind dies seltsame Ueberbleibsel der romantischen Art und Weise, auf welche in jener Zeit zuweilen den Damen der Hof gemacht ward. Es ist nicht Leidenschaft, es ist nicht Liebe; es ist Galanterie; ein Gemisch von Ernst und Heuchelei; hochtrabende Komplimente, tiefe Bücklinge, Schwüre, Seufzer und verliebte Blicke.

Henriette Howard ließ den Erklärungen des

guten alten Lords Gehör, beantwortete seine seltsamen Liebesbriefe, machte auf seine tiefe Verbeugung einen tiefen Knix und ließ sich von John Gay bei Abfassung der Briefe helfen, womit sie die des alten Ritters beantwortete.

Er schrieb ihr ganz allerliebste Verse, in welchen eben so wohl Wahrheit als Anmuth lag.

Der große Mr. Pope feierte sie ebenfalls in nicht weniger graziösen Zeilen und das Bildniß, welches er von ihr zeichnet, ist in der That das eines ungemein anziehenden Wesens.

Sogar die Frauen stimmten in ihrem Lobe und in der Liebe zu ihr überein. Die Herzogin von Queens Berry giebt Zeugniß von ihren liebenswürdigen Eigenschaften und schreibt an sie:

„Ich sage Ihnen das und das, weil Sie eine Kinderfreundin sind und ich wünsche, daß die Kinder auch Sie lieben."

Die Mary Bellenden, welche von Zeitgenossen als das „vollkommenste Wesen" geschildert wird, welches man jemals gekannt, schreibt sehr angenehm und freundlich an ihre „liebe Howard," ihre „liebe Schweizerin" aus dem Lande, wohin Mary sich nach ihrer Verheirathung und nachdem sie das Amt eines Ehrenfräuleins aufgegeben, zurückgezogen hatte.

„Wie befinden Sie sich, Mistreß Howard?" schreibt Mary. „Wie befinden Sie sich, Mistreß Howard? Dies ist Alles, was ich zu sagen habe. Heute Nachmitag hat mich die Lust zum Schreiben angewandelt, was aber den Stoff betrifft, so kann ich Sie mit nichts Besserem unterhalten, als mit Neuigkeiten von meiner Feld= und Viehwirthschaft. Deshalb theile ich Ihnen das folgende Verzeichniß von dem Lebensmittelvorrath mit, den ich mir für meinen persönlichen Genuß ansammle. Die ganze Grafschaft Kent weiß, das ich vier fette Kälber habe, zwei fette Schweine, die jeden Tag geschlachtet werden können, zwölf hoffnungsvolle schwarze Ferkel, zwei junge Hühner, drei schöne Gänse mit dreizehn Eiern unter einer jeden — mehrere davon sind Enteneier, denn sonst kommen die andern nicht zur Reife. Außerdem habe ich noch Kaninchen, Tauben und Karpfen in Fülle, so wie auch Rind= und Hammelfleisch. Wenn Sie daher, liebe Howard, Lust haben, Ihr Messer in irgend etwas zu stecken, was ich genannt habe, so sagen Sie es."

Eine muntere Gesellschaft müssen sie gewesen

sein, diese Ehrenfräuleins. Pope macht uns in einem sehr hübschen Briefe mit einem ganzen Schwarm derselben bekannt.

„Ich fuhr," sagte er, „zu Wasser nach Hampton Court und begegnete dem Prinzen, der eben mit allen seinen Damen zu Pferde von der Jagd kam. Mistreß Bellenden und Mistreß Lepell nahmen mich in ihren Schutz, trotz der Gesetze gegen das Beherbergen von Papisten, und gaben mir ein Diner nebst etwas, was mir noch besser gefiel, nämlich eine Gelegenheit zur Conversation mit Mistreß Howard. Wir kamen Alle dahin überein, daß das Leben einer Ehrendame vor allen Dingen das erbärmlichste sei und wünschten, daß alle Frauen, die es beneideten, es einmal versuchen müßten. Des Morgens westphälischen Schinken essen, auf geborgten Gäulen über Hecken und Gräben galoppiren, in der Hitze des Tages mit einem Fieber und — was hundertmal schlimmer ist — mit einer rothen Spur auf der Stirn von einem zu engen Hute nach Hause kommen — alles dies muß sie befähigen, einmal ganz vortreffliche Jägersfrauen zu werden. Sobald als sie sich den Schweiß abgetrocknet haben, müssen sie eine Stunde lächeln und sich in dem Gemach der Prinzessin den Schnupfen holen, von da geht es zur Tafel, sei der Appetit, wie er wolle, dann können sie bis Mitternacht arbeiten, spazierengehen oder nachdenken. Kein einsames Haus in Wales mit einem Berg und einem Krähennest ist stiller als dieser Hof. Miß Lepell ging mit mir drei oder vier Stunden bei Mondschein spazieren und wir begegneten Niemandem von Bedeutung, als dem König, welcher dem Vicekammerherrn ganz allein hinter der Gartenmauer Audienz gab."

Fünftes Kapitel.

Ich glaube, das England unserer Vorfahren war ein lustigeres, als die Insel, welche wir bewohnen. Die Menschen, vornehme sowohl als geringe, amüsirten sich weit mehr.

Ich habe die Art und Weise berechnet, auf welche Staatsmänner oder Leute von Stand, ihre Zeit zubrachten, und begreife nicht, wie sie bei diesem Trinken, Diniren, Soupiren und Kartenspielen noch ihre Geschäfte besorgen konnten.

Sie spielten alle Arten von Spielen, welche, mit Ausnahme von Cricket und Ballspiel, jetzt ganz aus der Mode gekommen sind.

Auf den alten Abbildungen von St. James Park kann man noch die Merkzeichen längs der Allee sehen, welche zur Markirung der Bälle dienten, wenn der Hof „Maille" spielte.

Man denke sich, wenn diese Allee noch jetzt dieser Bestimmung gewidmet wäre und Lord John Russel und Lord Palmerston sich den Ball schlagend darin herumtummelten!

Die meisten dieser munteren Leibesübungen gehören der Vergangenheit an und die guten alten Spiele von England sind nur noch in alten Romanen, in alten Balladen, oder in den Spalten modriger alter Zeitungen zu finden, welche melden, daß ein Hahnenkampf in Winchester zwischen einer Partei aus diesem Orte und einer von Hampton stattfinden soll, oder daß die „Cornwall-Männer" und die „Devon-Männer" einen großen Ringkampf in Totnes veranstalten werden und so weiter.

Vor hundert und zwanzig Jahren gab es in England nicht blos Landstädte, sondern auch Leute, welche dieselben bewohnten. Wir waren damals weit geselliger, wir ergötzten uns an sehr einfachen Vergnügungen. Jedes Städtchen hatte seinen Jahrmarkt, jedes Dorf seine Kirmeß. Die alten Dichter haben hundert muntere Liedchen über Stockkämpfe, Kletterstangen und Mohrentänze gesungen.

Die Mädchen pflegten in sehr leichtem Costüm um die Wette zu laufen und der gutmüthige Landadel und die freundlichen Pfarrer hielten es für keine Schande, Zuschauer dabei zu sein. Tanzbären zogen mit Pfeife im Lande herum. Gewisse wohlbekannte Melodieen wurden Jahrhunderte lang im ganzen Lande gesungen und Vornehm und Gering ergötzte sich an dieser einfachen Musik.

Feine Herren, welche ihre Freundinnen zu unterhalten wünschten, ließen allemal eine Musikbande holen. Als der Stutzer Fielding, ein sehr feiner Gentleman, der Dame, welche er später heirathete, den Hof machte, traktirte er sie und ihre Begleiterin in seiner Wohnung mit einem Abendessen aus dem Wirthshause und nach dem Essen ließen sie einen Fiedler holen.

Man denke sich diese drei Personen in einem großen, getäfelten Zimmer, von zwei oder drei Lichtern in silbernen Wandleuchtern erhellt, einige Trauben und eine Flasche Florentiner Wein auf dem Tische, während der ehrliche Geiger altväterische Melodieen in Molltonarten spielt, während der Stutzer eine Dame nach der andern aufzieht und gravitätisch mit ihr tanzt.

Sehr vornehme Leute, junge Lords mit ihren Gouverneuren und dergleichen gingen in's Ausland und machten die große Tour; Satyriker daheim witzelten über die französischen und italienischen Manieren, die sie mit nach Hause brachten, die Mehrzahl des Volkes aber verließ das Land niemals.

Der joviale Landedelmann war oft niemals über zwanzig Meilen weit von seinem Geburtsorte hinweggekommen. Die, welche dies ja thaten, gingen in die Bäder, nach Harrogate, oder Scarborough, oder Bath, oder Epsom.

In alten Briefen finden wir eine Menge Andeutungen über diese Vergnügungsorte. Gay erzählt uns von den Fiedlern in Tunbridge, von den Damen, welche kleine Privatbälle unter einander selbst veranstalteten, und den Herren, welche sie abwechselnd mit Thee und Musik unterhielten.

Eine der jungen Schönheiten, die er dort traf, war keine Freundin vom Thee. „Wir haben," sagte er, „eine junge Dame hier, die in ihren Wünschen sehr eigenthümlich ist. Ich habe einige junge Damen gekannt, welche, wenn sie jemals beteten, um eine Equipage, oder einen Titel, einen Mann oder Matabore beteten; diese Dame aber, welche erst siebzehn Jahre alt ist und dreißigtausend Pfund im Vermögen hat, setzt alle ihre Wünsche auf einen Krug gutes Bier. Wenn ihre Freunde aus Rücksicht auf ihre Gestalt und Gesichtsfarbe ihr davon abreden wollen, so antwortet sie mit der ungeschminktesten Aufrichtigkeit, daß sie durch den Verlust ihrer schlanken Gestalt und zarten Gesichtsfarbe blos einen Mann einbüßen könne, während doch das Bier ihre Leidenschaft sei."

Jede Stadt hatte ihre Gesellschaftszimmer — modrige alte Gemächer, die wir jetzt noch hier und da in verödeten Gasthöfen in herabgekommenen Provinzialstädten sehen, welchen die wuchernde Fettgeschwulst London alles Leben ausgesogen hat.

York beherbergte zur Zeit der Assisen und den ganzen Winter hindurch eine zahlreiche Gesellschaft nordischer Landedelleute. Schrewsbury war seiner Festlichkeiten wegen berühmt. In Newmarket gab es, wie ich lese, „ungemein viel gute Gesellschaft, aber auch Spitzbuben und Gauner." In Norwich waren zwei Gesellschaften, bei welchen in der großen Halle, in den Zimmern und der Gallerie eine zahlreiche Menge sich durch einander drängte.

In Cheshire — es ist eine Ehrendame der Königin Karoline, welche schreibt und die sich nach Hampton Court und der Kurzweil dort zurück sehnt — werfe ich einen Blick in ein Landhaus und sehe eine sehr lustige Gesellschaft.

„Wir versammeln uns," sagt sie, „vor neun Uhr im Arbeitszimmer, essen und machen allerhand Späße bis um zwölf, dann begeben wir uns wieder auf unsere Zimmer und machen uns fertig, denn Toilettemachen kann man es nicht nennen. Wenn es Mittag schlägt, ruft die große Glocke uns in ein Zimmer, welches mit allen Arten schöner Waffen, vergifteten Wurfspießen, einigen Paaren alter Stiefel und Schuhe, welche historisch merkwürdige Männer getragen, sowie mit den Steigbügeln König Karls des Ersten, die ihm bei Edge Hill abgenommen wurden, geschmückt ist."

Und hier bekommen sie ihr Mittagsmahl, dann wird getanzt und dann folgt die Abendmahlzeit.

Was Bath betrifft, so gingen Alle, von welchen die Geschichte erzählt, hin, um zu baden und zu trinken. Georg der Zweite und seine Gemahlin, Prinz Friedrich und sein Hof, fast jeder nur einigermaßen merkwürdige Charakter aus der ersten Hälfte des vorigen Jahrhunderts war in jenem berühmten Brunnenzimmer zu sehen, wo der Stutzer Nash präsidirte und sein Bild zwischen den Büsten von Newton und Pope hing.

Ich hätte ihn sehen mögen. Es war ein famoser Elegant, der mit seinen Stickereien, Manschetten, seiner Tabaksdose, seinen rothen Absätzen und seinen Impertinenzen sich in Respekt zu setzen wußte.

Ich hätte auch jenen alten wunderlichen Lord Peterborough in seinen Stiefeln — er besaß wirklich die Dreistigkeit, zu Bath in Stiefeln herumzugehen — sehen mögen, mit seinem blauen Bande und seinem Stern, einer Kohlstaude unter jedem Arm und einem Huhn in der Hand, welches er zu seinem Diner eingekauft.

Chesterfield kam sehr oft hierher und verlor oder gewann am Spieltische Hunderte und zwang sich trotz seiner Gicht zu lächeln.

Mary Wortley war auch da, die junge und schöne, eben so wie Mary Wortley, die alte, abscheuliche und häßliche.

Miß Chudley kam hierher, nachdem sie dem

einen Ehemanne entschlüpft war, um sich nach einem andern umzusehen.

Walpole verlebte hier manchen Tag — kränklich, übermüthig, abgeschmackt, geckenhaft und affectirt, mit brillantem Witz, herrlicher Empfindsamkeit und einem zärtlichen, großmüthigen, treuen Herzen für seine Freunde.

Hätten wir damals gelebt und wären Milsom Street hinabgeschlendert, so hätten wir plötzlich unsere Hüte abgenommen, während eine unheimliche lange hagere Gestalt in Flanell gewickelt in ihrer Sänfte vorbei gekommen wäre und ein leichenfahles Gesicht aus dem Fenster herausgeschaut hätte. Große grimmige Augen hätten unter der gepuderten Perrücke hervorgestiert, wir hätten ein furchtbares Stirnrunzeln, eine furchtbare römische Nase gesehen und einander zugeflüstert: "Das ist er! Das ist der große Commoner. Das ist Mr. Pitt!"

Während wir weitergehen, fangen die Abteiglocken an zu läuten und wir begegnen unserem mürrischen Freunde Toby Smollett, am Arme des Schauspielers James Quin, der uns erzählt, daß die Glocken wegen Mr. Bullock, einem berühmten Viehzüchter von Tottenham läuten, welcher soeben angekommen ist, um den Brunnen zu trinken. Und Toby droht an der Thür des Oberst Ringworm mit dem Stocke — es ist die zunächst neben der seinigen befindliche Wohnung des Creolen, wo die zwei Neger des Obersten sich auf dem Waldhorn üben.

Sechstes Kapitel.

Wenn wir uns das alte sociale England zu denken versuchen, so müssen wir annehmen, daß es jeden Tag viele Stunden lang Karte spielt. Dieser Gebrauch ist gegenwärtig unter uns beinahe ganz abgekommen, vor fünfzig Jahren aber war er allgemein, und vor abermals fünfzig Jahren beherrschte er fast das ganze Land.

„Das gern Spielen," schreibt Seymour, der Verfasser des „Court Gamester," „ist so Mode geworden, daß ein Mann, der in Gesellschaft die beliebten Kartenspiele nicht verstünde, für einen Menschen ohne alle feine Bildung und zu jedem geselligen Umgange unfähig angesehen werden würde."

Ueberall gab es Karten. Man fand es unartig,

in Gesellschaft zu lesen. „Bücher sind keine passenden Gegenstände für Gesellschaftszimmer," pflegten alte Damen zu sagen. Man war gleichsam eifersüchtig auf die Bücher.

Hervey erzählt, daß Georg der Zweite bei dem Anblick von Büchern allemal ganz wüthend ward, und seine Gemahlin, welche sehr gern las, mußte es heimlich in ihrem Closet thun.

Die Karten dagegen waren die Zuflucht und der Zeitvertreib für alle Welt. Jeden Abend setzten die Könige und Königinnen von England sich Stunden lang hin und spielten mit Trefle- und Carreau-Majestäten.

An vielen europäischen Höfen besteht dieser Gebrauch, glaube ich, jetzt noch, nicht sowohl um des Gewinnens oder Verlierens willen, sondern als Zeitvertreib. Unsere Vorfahren hatten ihn allgemein angenommen.

„Bücher! Ich bitte Dich, sprich mir nicht von Büchern," sagte die alte Sarah Marlborough. Die einzigen Bücher, die ich kenne, sind Menschen und Karten."

„Der gute alte Sir Roger de Coverley schickte allen seinen Pächtern zu Weihnachten eine Schnur

Blutwürste und ein Spiel Karten," sagt der Spectator, indem er einen freundlichen Gutsherrn zu schildern wünscht.

Eine der guten alten Damen, in deren Briefen ich herumgestöbert habe, ruft aus: „Fürwahr, die Karten haben uns Frauen vor einer Menge Klätschereien bewahrt."

Der kluge alte Johnson bedauerte, daß er nicht spielen gelernt hatte. „Es ist sehr nützlich im Leben," sagt er; „es erzeugt Herzensgüte und bindet die Gesellschaft."

David Hume ging niemals zu Bett, ohne vorher seinen Whist gespielt zu haben.

Walpole geräth in einem seiner Briefe aus Dankbarkeit gegen das Kartenspiel in förmliches Entzücken. „Ich werde," sagt er in seiner angenehmen geckenhaften Weise, „einen Tempel bauen zum Andenken an die Errettung meiner liebenswürdigen Herzogin von Grafton."

Die Herzogin hatte nämlich in Rom Karten gespielt, während sie doch eigentlich in dem Concert eines Cardinals hätte sein sollen, wo der Fußboden zusammenbrach und sämmtliche Monsignori in den Keller hinabstürzten.

Selbst die Puritaner-Geistlichen betrachteten diese Gewohnheit mit nicht gerade mißbilligendem Blicke.

„Ich glaube nicht," sagt einer von ihnen, „daß der ehrliche Martin Luther eine Sünde beging, wenn er nach Tische ein paar Stunden im Brete spielte, um den Geist ruhen zu lassen und die Verdauung zu befördern."

Was die Geistlichen der Hochkirche betraf, so spielten sie alle von den Bischöfen an bis herab zu den Geringsten.

Am Dreikönigstage pflegte der Hof in großer Gala zu spielen.

„Da heute," heißt es in einem jener Briefe, „der Dreikönigstag war, so erschienen Seine Majestät, der Prinz von Wales und die Ritter vom Hosenband-, Distel- und Bath-Orden mit den Insignien dieser Würden. Ihre Majestäten, der Prinz von Wales und die drei ältesten Prinzessinnen gingen, während Herolde voranschritten, in die königliche Kapelle. Der Herzog von Manchester trug das Staatsschwert. Der König und der Prinz opferten der alljährlichen Gewohnheit gemäß Gold, Weihrauch und Myrrhen auf dem Altar. Abends spielten Ihre Majestäten zum Besten des Oberportiers mit dem hohen Adel

Hazard und der König gewann, wie man erzählte, sechshundert Guineen, die Königin dreihundert und sechzig, Prinzessin Amalie zwanzig, Prinzessin Karoline zehn, der Herzog von Grafton und der Earl von Portmore mehrere Tausend."

Siebentes Kapitel.

Werfen wir noch einen Blick in dieselbe Chronik, die aus dem Jahre 1731 herrührt, und sehen wir, wie andere unserer Vorfahren beschäftigt waren:

„Cork, am 15. Januar. — Heute ward ein gewisser Tim Croneen wegen Ermordung und Beraubung von Mr. St. Leger und dessen Gattin verurtheilt, zwei Minuten lang gehängt, dann enthauptet, geviertheilt und auf vier Kreuzwegen aufgesteckt zu werden. Er war Diener bei Mr. St. Leger und beging den Mord im Einverständniß mit der Magd, welche zum Scheiterhaufen verurtheilt ward, so wie des Gärtners, den er später erschlug, um ihn seines Antheils an der Beute zu berauben."

„Am 3. Januar. — Ein Postillon ward von einem irischen Edelmann auf der Straße bei Stone in Staffordshire durch einen Schuß verwundet, woran er nach zwei Tagen starb. Der Edelmann ward deswegen verhaftet. Ein armer Mann ward in dem Stalle eines Gentlemans zu Bungey in Norfolk hängend von einer Person gefunden, welche ihn abschnitt und dann nach Hülfe eilte, dabei aber das Messer liegen ließ. Als der arme Mann wieder zur Besinnung kam, schnitt er sich mit dem Messer die Kehle ab, und da ein Fluß in der Nähe war, so sprang er in denselben. Da jedoch Leute dazu kamen, so ward er lebendig herausgezogen und wird auch wahrscheinlich am Leben bleiben."

„Der ehrenwerthe Thomas Finch, Bruder des Earl von Nottingham, ist an Stelle des Earl von Chesterfield, der bereits auf dem Heimweg ist, zum Gesandten im Haag ernannt worden."

„William Cooper, Esq. und der ehrwürdige Mr. John Cowper, Kaplan Ihrer Majestät der Königin und Rector von Great Berkhamstead in der Grafschaft Hertford, sind zu Secretairen der Commissäre des Insolvenzgerichtshofs ernannt worden."

„Charles Creagh, Esq., und — Macnamara,

Esq., zwischen welchen seit drei Jahren ein alter Groll bestand, in dessen Folge sie über fünfzig Mal wegen Friedensbruchs zur Verantwortung gezogen und zur Bürgschaftsstellung angehalten worden, trafen sich in Gesellschaft mit Mr. Eyres von Galloway, feuerten ihre Pistolen auf einander ab und alle Drei blieben auf der Stelle todt, zur großen Freude ihrer friedlichen Nachbarn, sagen die irischen Zeitungen."

"Der Weizen kostet 26—28 Schilling, die Gerste 20—22 Schilling der Quarter; die dreiprozentigen stehen 92; der beste Brodzucker kostet $9\frac{1}{4}$ Pence; Boheather 12—14 Schilling, Pecco 18 Schilling und Heysan 35 Schilling das Pfund.

"In Eron ward mit großer Pracht der Geburtstag des Sohnes von W. Courtney, Baronet, gefeiert, wobei über tausend Personen zugegen waren. Ein ganzer Stier ward gebraten und das gemeine Volk bekam ein Faß Wein und mehrere Tonnen Bier und Aepfelwein. Gleichzeitig übergab Sir William seinem Sohne, der an diesem Tage mündig ward, das Schloß Powdram und ein großes Landgut."

"Charlesworth und Cox, zwei Advocaten, stan=

den, der Fälschung überwiesen, vor der königlichen Börse am Pranger. Der erste ward von dem Pöbel sehr gröblich mißhandelt, der zweite aber insofern begünstigt, als sechs oder sieben Kerle auf den Pranger hinaufstiegen, um ihn vor den Beleidigungen des Pöbels zu schützen."

„Ein Knabe fand den Tod, indem er auf eiserne Spitzen von einem Laternenpfahl herabfiel, welchen er erklettert hatte, um Mutter Needham am Pranger stehen zu sehen."

„Mary Lynn ward auf dem Scheiterhaufen zu Asche verbrannt, weil sie bei der Ermordung ihrer Herrin betheiligt gewesen."

„Alexander Russell, der Infanterist, welcher wegen Straßenraubes bei den Januarsessionen zum Tode verurtheilt worden, ward zur Deportation begnadigt; da ihm aber mittlerweile ein Landgut durch Erbschaft zufiel, so erlangte er völlige Straflosigkeit."

„Lord John Russel vermählte sich mit Lady Diana Spencer in Marlborouh House. Er besitzt jetzt ein Vermögen von 30,000 Pfund baar und wird nach dem Tode der verwittweten Herzogin von Marlborough, seiner Großmutter, noch weitere 100,000 Pfund bekommen."

„Am 1. März, dem Geburtstage der Königin, wo Ihre Majestät ihr neunundvierzigstes Lebensjahr antrat, war in St. James große Gala. Ihre Majestät war prachtvoll gekleidet und trug einen geblümten Musselinschleier, wie auch Ihre königliche Hoheit. Lord Portmore war, wie man sagte, am kostbarsten gekleidet, obschon ein italienischer Graf statt der Knöpfe vierundzwanzig Diamanten trug."

Neue Kleider am Geburtstage des Königs waren damals bei allen loyalen Staatsbürgern gebräuchlich. Swift erwähnt diese Gewohnheit mehrmals. Walpole spricht fortwährend davon; er spottet über diesen Gebrauch, läßt sich aber nichtsdestoweniger selbst die feinsten Kleider von Paris kommen. Wenn der König und die Königin nicht beliebt waren, so sah man bei der Gala nur wenig neue Kleider.

In Nummer 3 des „wahren Patrioten," dessen Tendenz gegen den Prätendenten, die Schotten, Franzosen und das Papstthum gerichtet war, nimmt Fielding an, die Schotten und der Prätendent seien im Besitz von London und er selbst im Begriff, wegen seiner Treue gehängt zu werden. Gerade als ihm der Strick um den Hals gelegt wird, sagt er: „Mein kleines Mädchen trat in mein Schlafzimmer und machte meinem Traume ein Ende, indem sie mir die Augen aufriß und mir sagte, daß der Schneider soeben meine Kleider zum Geburtstage des Königs gebracht habe."

In seinem „Tomple Beau" wird der Beau oder Stutzer wegen eines Geburtstagsanzugs von Sammet für „40 Pfund" gemahnt. Man konnte mit Gewißheit annehmen, daß Mr. Harry Fielding auch gemahnt ward.

Die öffentlichen Tage waren ohne Zweifel glanzvoll, das Privathofleben aber muß furchtbar langweilig gewesen sein.

„Ich will," schreibt Hervey an Lady Sundon, „Sie nicht mit einer Aufzählung unserer Beschäftigungen in Hampton Court belästigen. Kein Müllergaul ging je in einem beständigeren Gleise oder unveränderterem Ringe, so daß Sie sich mit Hülfe eines Kalenders, der den Wochentag, und einer Uhr, welche die Stunde angiebt, sich selbst ganz genau ohne weitere Mittheilung als Ihr Gedächtniß von jedem Vorgange innerhalb des Bereichs des Hofes unterrichten können. Spazierengehen, Promenaden in Sänften, Levers und Audienzen füllen den Morgen aus. Abends spielt der König Commerce und Triktrak und die Königin Quadrille, wo die arme Lady Charlotte wie gewöhnlich herhalten muß, denn die Königin zupft sie an der Kapuze und die Kronprinzessin schlägt sie auf die Knöchel. Der Herzog von Grafton nimmt sein nächtliches Opiat Lotterie und schläft wie gewöhnlich zwischen den Prinzessinnen Amalie und Karoline sitzend ein. Lord Grantham schlendert aus einem Zimmer in's andere, wie Dryden sagt, „gleich einem unzufriedenen Geist, der oft erscheint und nicht sprechen darf," und schürt sich gleichsam, wie man das Feuer schürt, nicht in einer bestimmten Absicht, sondern blos in der Hoffnung, es heller brennen zu machen.

„Endlich steht der König auf, das Spiel ist zu Ende und Jeder hat seine Entlassung. Ihre Majestäten ziehen sich zu Lady Charlotte und Mylord Lifford zurück; Mylord Grantham zu Lady Frances und Mr. Clark; einige zum Souper, einige zu Bett, und so wird aus Abend und Morgen der Tag."

Achtes Kapitel.

Die Vorliebe des Königs für Hannover gab Anlaß zu allerhand unfeinen Scherzen unter seinen englischen Unterthanen, welchen Sauerkraut und Bratwürste von jeher lächerliche Gegenstände gewesen sind. Als unser gegenwärtiger Prinz-Gemahl zu uns kam, sang das Volk auf den Straßen allerhand Lieder, in welchen die Abgeschmacktheit Deutschlands im Allgemeinen geschildert ward. Die Bratwurstläden producirten ungeheuere Bratwürste, welche, wie man zu glauben schien, die tägliche Nahrung und Wonne deutscher Fürsten sind.

Ich entsinne mich noch der Karrikaturen über die Vermählung des Prinzen Leopold mit der Prinzessin Charlotte. Der Bräutigam war in Lumpen gekleidet abgebildet. Die Gemahlin Georgs des Dritten ward von dem Volke eine bettelhafte deutsche Herzogin genannt, denn die britische Idee war, daß alle Fürsten bettelhaft seien, ausgenommen die britischen.

König Georg bezahlte uns dafür wieder. Er glaubte, außerhalb Deutschland gäbe es keine guten Manieren. Als Sarah Morlborough einmal die Prinzessin besuchte, während Ihre königliche Hoheit eins der schreienden königlichen Kinder durchprügelte, sagte Georg, welcher dabei stand: „Ja, Ihr habt in England keine guten Manieren, weil Ihr nicht von klein an gut erzogen seid."

Er behauptete hartnäckig, kein englischer Koch könnte braten, kein englischer Kutscher ordentlich fahren — mit einem Worte, er zog die Qualität unseres Adels, unserer Pferde und unseres Rinderbratens in Zweifel.

Während er von seinem geliebten Hannover abwesend war, blieb dort Alles genau so wie in seiner Anwesenheit. Achthundert Pferde in den Ställen, der ganze Apparat von Kammerherren, Hofmeistern und Stallmeistern blieb unverändert, und an jedem

Sonnabend wurden Hofassembleen gehalten, wo der ganze Adel von Hannover sich zu einer Ceremonie versammelte, die ich mir nicht anders als überaus schön und rührend denken kann.

In dem Versammlungszimmer stand nämlich ein großer Lehnstuhl und auf diesem das Portrait des Königs. Die Herren und Damen des Hofes näherten sich dem Armstuhl und machten eine Verbeugung vor dem Bilde, welches Nebucadnezar aufgestellt hatte, und sprachen in gedämpftem Tone vor dem erhabenen Bilde, gerade wie sie gethan haben würden, wenn der König=Kurfürst selbst zugegen gewesen wäre.

Er geht immerwährend wieder nach Hannover zurück. Im Jahre 1729 ging er auf ganze zwei Jahre hin, während welcher Zeit Karoline an seiner Statt in England regierte, ohne daß er von seinen britischen Unterthanen im mindesten vermißt worden wäre. Er ging nochmals 1735 und 1736 hin, und zwischen den Jahren 1740 und 1755 war er nicht weniger als acht Mal auf dem Continent, welches Amüsement er aber beim Ausbruch des siebenjährigen Krieges aufgeben mußte.

Hier in England war das Amüsement eines jeden Tages dasselbe.

„Unser Leben ist so einförmig wie das eines Klosters," schreibt ein Höfling, welchen Vehse citirt. „Jeden Morgen um eilf Uhr und jeden Abend um sechs fahren wir in der Hitze nach Herrenhausen durch eine ungeheure Lindenallee und bedecken zwei Mal täglich unsre Röcke und Wagen mit Staub. In der Gesellschaft des Königs geht niemals die mindeste Veränderung vor. Bei Tische und beim Kartenspiel sieht er stets dieselben Gesichter und nach Beendung des Spiels zieht er sich in sein Zimmer zurück. Zwei Mal wöchentlich ist französisches Theater; die anderen Tage wird in der Gallerie gespielt. Auf diese Weise könnte man, wenn der König stets in Hannover bliebe, einen zehnjährigen Kalender über sein Thun und Treiben entwerfen und die Stunden seiner Geschäfte, seiner Mahlzeiten und seiner Vergnügungen im Voraus bestimmen."

Der alte Heide hielt das Versprechen, welches er seiner sterbenden Gemahlin gegeben. Lady Yarmouth stand stets in voller Gunst und ward von der Gesellschaft in Hannover mit tiefer Ehrerbietung behandelt, obschon sie in England, als sie hierher kam, ein wenig vernachlässigt worden zu sein scheint.

Im Jahre 1740 gingen zwei der Töchter des Königs nach Hannover, um ihn zu besuchen. Es waren dies Anna, die Prinzessin von Oranien — in Bezug auf welche und deren Gemahl und Hochzeits= tag Walpole und Hervey uns die drolligsten Schil= derungen hinterlassen haben — und Marie von Hes= sen=Kassel, jede mit ihrem Gemahl.

Dadurch ward der Hof von Hannover ein sehr glänzender. Zu Ehren seiner hohen Gäste gab der König mehrere Feste, unter andern einen prachtvollen Maskenball in dem grünen Theater zu Herrenhausen — das heißt in dem Gartentheater mit Linden und Buxbaum statt der Bogen und dem Rasen statt des Teppichs, wo die Platens vor Georg und seinem Vater, dem verstorbenen Sultan, getanzt hatten. Die Bühne und ein großer Theil des Gartens wa= ren mit bunten Lampen beleuchtet.

Beinahe der ganze Hof erschien in weißen Do= minos „gleich," sagt der Schilderer dieses Schauspiels, „gleich Geistern in den elysäischen Gefilden. Abends ward das Souper an drei großen Tafeln aufgetragen und der König war sehr lustig. Nach dem Souper ging der Tanz wieder an und ich kam erst um fünf Uhr bei hellem, lichten Tage nach Hannover zu Hause. Einige Tage später hielten wir in dem Opernhause zu Hannover eine große Gesellschaft. Der König erschien in türkischer Kleidung. Sein Turban war mit einer prachtvollen Diamantenagraffe geschmückt. Lady Yarmouth war als Sultanin gekleidet, Niemand aber war schöner als die Prinzessin von Hessen."

Während also die arme Karoline in ihrem Sarge ruhet, tanzt der kleine, flinke Georg mit seinem rothen Gesicht und seinen weißen Augenbrauen und seinen Glotzaugen, sechzig Jahre alt, noch einen hübschen Tanz mit Madame Walmoden und springt als Türke gekleidet herum!

Noch zwanzig Jahr lang trieb es der kleine Bajazet auf diese türkische Art, bis der Schlaganfall kam, der den alten Mann erwürgte, nachdem er befohlen, daß von seinem Sarge wie von dem der armen ihm vorangegangenen Karoline die Seitenwände herausgenommen werden sollten, damit die Asche seiner alten sündhaften Gebeine sich mit der dieses treuen Wesens mische.

O herumstolzirender Truthahn von Herren=
hausen, o du unartiger kleiner Muhamed, in welchem
türkischen Paradiese bist Du jetzt und wo sind Deine
geschminkten Houris!

Also die Gräfin Yarmouth erschien als Sul=
tanin und Seine Majestät in türkischem Costüm trug
eine Diamantenagraffe und war sehr lustig? Freunde,
er war Eurer Väter König sowohl als der meinigen
— laßt uns eine Thräne der Ehrerbietung über sei=
nem Grabe weinen.

Von seiner Gemahlin sagte er, er habe nie ein
Weib gekannt, welches würdig gewesen wäre, ihr die
Schuhriemen aufzulösen. Oft saß er weinend allein
vor ihrem Bildniß, und wenn er seine Thränen getrock=
net hatte, ging er zu seiner Walmoden und sprach
von ihr.

Am 25. Tage des Monats October 1760, als
er in seinem siebenundsiebenzigsten Lebensjahre und
dem vierunddreißigsten seiner Regierung stand, trat
sein Page in sein Zimmer, um ihm seine Chocolade
zu bringen, und siehe da, der religiöseste und gnädigste
König lag todt auf der Diele.

Man ging und holte die Walmoden, aber auch

die Walmoden konnte ihn nicht erwecken. Die geheiligte Majestät war nur noch ein lebloser Körper. Der König war todt; es lebe der König! Natürlich aber betrauerten Dichter und Geistliche den Verstorbenen in gebührender Weise. Ein englischer Geistlicher beklagte den geschiedenen Helden in einigen kunstlosen Versen, über die man weinen oder lachen kann, je nachdem man gelaunt, ist und in welchen der Dichter nicht mehr hätte sagen können, selbst wenn der verstorbene König der gerechteste, sittenreinste und weiseste gewesen wäre.

Der Dichter war ein Geistlicher, der an diesem Grabe weinte, auf welchem die Walmoden saß, und beanspruchte den Himmel für den armen alten Mann, welcher darin schlief.

Der verstorbene König war ein Mensch gewesen, der weder Würde, noch Gelehrsamkeit, noch Moral, noch Witz besaß — der eine große Gesellschaft durch ein schlimmes Beispiel noch mehr demoralisirte, der in der Jugend, im Mannesalter und noch als Greis gemein, roh und sinnlich gewesen war, und dieser Dichter, Mr. Porteus, später Bischof Mylord Porteus, sagt, die Erde sei für ihn nicht gut genug gewesen und sein rechter Platz im Himmel! Bravo,

Mr. Porteus! Der Geistliche, der dem Andenken Georgs des Zweiten diese Thränen weinte, ward von Georg dem Dritten zum Bischof gemacht. Ob das Volk seine Poesie oder seine Predigten jetzt noch bewundert, weiß ich nicht.

Ende des ersten Bandes.

Druck von C. Roeßler in Grimma.